Siegfried Stein
Gartenräume wohnlich gestalten

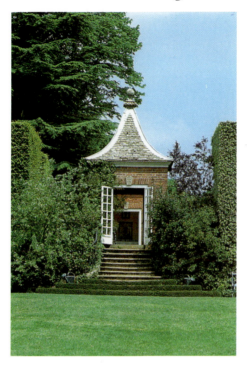

Inhalt

Einführung 7
Die Grünen Zimmer 9
Etwas Gartenplanung vorweg 11
Blumenpracht in gefälliger Unordnung 15
Sitzecken – intim und windgeschützt 21
Idyllische Lauben und verspielte Gartenhäuschen 29
Ein Freizeithaus für's Wochenende 35
Pavillons – romantisch und modern 37
Badehäuschen am Schwimmteich 42
Hölzer und Holzschutz 53
Gartenmöbel und Sonnenschirme 56
Zauberhafte Stimmung durch Beleuchtung 65
Wohnlich wird ein Garten durch Accessoires 68
Mit Sichtschutzwänden ganz privat 72
Pergolen und Rankgerüste 76
Mauern mit einigen Extras 82
Stützwände mit Holz gestalten 88
Zier- und Rankgitter, Treillagen 90
Zauberhafte Blumenbögen 93
Grüne Wände aus Heckenpflanzen 98
Fleißige Klimmer und Schlinger 103
Bezugsquellen 118
Register 119

Einführung

Gartenidyllen entstehen nicht über Nacht. Sie wollen durchdacht und schon im Voraus ein wenig erträumt sein. Gerade das Ideensammeln macht jedoch selbst im »fertigen« Garten Freude.

Gleichgültig, ob ein Grundstück groß ist oder nur wenige Meter rings ums Haus zur Verfügung stehen: Ein wohliges Gefühl entsteht erst dann, wenn der Garten umfriedet ist. Hecken, Büsche, Zäune oder Mauern sorgen für Wärme und Geborgenheit. Kalte Winde und neugierige Blicke bleiben draußen.
Eine gute Nachbarschaft setzt auch Rückzugsmöglichkeiten voraus. Je enger die bebauten Grundstücke aneinander heranrücken, desto wichtiger werden Sichtschutz und gleichzeitig die Wahrung der Intimität. Auch unsere Vorfahren haben das schon gewußt. Ägypter, Griechen und Römer, wohlhabende Bürger im Mittelalter, Pflanzenliebhaber in England und anderswo, und schließlich die heutigen Gartenbesitzer – der kostbare Platz innerhalb schützender Mauern oder Zäune erfährt mit Phantasie und Liebe die Umwandlung zu stimmungsvollen Patios und Gartenräumen, den »Grünen Zimmern«. Daraus entsteht ein zusätzlicher Raum im Freien zum Entspannen und Genießen. Geschickt gestaltet, entwickelt sich die Idylle selbst bei Schnee und Eis zum Schmuckstück, das man gerne ansieht und erlebt.
Kleine Gärten erfordern einen eigenen Stil, denn für die klassische Gestaltung mit weiten Rasenflächen und gebuchteter Randbepflanzung fehlt oft der Platz. Daher bietet es sich an, den Garten als Fortsetzung des Hauses zu sehen.

»Grüne Zimmer« entstehen z. B. durch begrünte Zäune, Gehölzgruppen, Mauern oder Pergolen. Rosenbögen und geschwungene Wege faszinieren das Auge und machen neugierig auf das, was der Garten noch zu bieten hat: eine Fortsetzung des Wohnbereichs im Freien mit einladender Sitzecke, einem Gartenteich, einem Spielgarten für die Kinder oder die Raritätenecke mit spektakulären Prachtstauden. Wie langweilig wirkt es, wenn der Garten mit einem Blick überschaubar ist! Unterteilt man ihn dagegen in mehrere »Grüne Zimmer«, so verführen diese zum Entdecken. Außerdem lassen sie sich leichter gestalten, und ganz nach Geschmack können verschiedene Schwerpunkte gesetzt werden.
Auch ein großes Grundstück gewinnt durch eine geschickte Unterteilung. Freiflächen, die kaum Arbeit machen, und als Kontrast dazu intensiv durchgestaltete Bereiche. Damit wird ein Garten überschaubar, für den Betrachter interessant und für den Besitzer eher zum Genuß als zur Bürde. So kann sich ein Gartenraum mit geraden oder geschwungenen Formen durch Abgrenzen und Einbinden durchaus mit einer ansonsten naturhaft lockeren Gestaltung vertragen. Nicht mehr Arbeit als nötig, aber Blütenfülle rund ums Jahr – hierzu will dieses Buch eine Hilfe sein.

Die Grünen Zimmer

Zwischen den Gärten der Antike und ihren modernen Gegenstücken, die oft eng begrenzt sind, liegen Tausende von Jahren. Gedanklich aber trennt sie oft nur ein Katzensprung.

Die Wärme des Südens mit seinem vielen Sonnenschein hat für uns etwas Verlockendes. Dort lebt man mehr draußen als drinnen, genießt am Morgen die frische klare Luft beim Frühstück, zieht sich in der Mittagshitze unter schattige Bäume oder Pergolen zurück und kann am Abend die lauen Temperaturen in fröhlicher Runde genießen. Von den Gefahren der Wüste wie in den frühen Oasengärten merken wir in unserem Klima nichts. Trocknende Winde, ehemals der Grund für schützende Mauern, sind keine Gefahr. Wasser, einst ein mühsam herangeholter Schatz, ist in Hülle und Fülle vorhanden. Auch die subtropischen Pflanzen müssen wir nicht mühsam heranziehen und vor dem Verdursten beschützen – preisgünstig sind sie im Gartencenter erhältlich. Und statt der Gießkanne greift man auf Bewässerungssysteme zurück, möglichst mit Zeitschaltuhr automatisiert und computergesteuert.

Die Gärten der Könige wurden von Architekten entworfen, die sie als Erweiterung der Häuser und ihrer Interieurs sahen. In ihnen spielte sich das gesellschaftliche Leben ab, mit Sport und Spiel, Theater und Empfängen. Kunstvolle Terrassen (»Parterres«) mit prachtvoll gepflanzten Sommerblumen in strengen oder verspielten Mustern, mit herben Düften nach Buchs, aromatischen Kräutern wie Rosmarin, Salbei oder Thymian und den süßen Früchten der in Kübeln gezogenen Zitrusgewächse waren im Barock und Rokoko en vogue und wurden in einer enorm verfeinerten Gartenkultur gepflegt. So lange, bis die damit verbundene Arbeit nicht mehr finanzierbar war und mit dem englischen Landschaftsstil eine Gegenbewegung auf die Bühne der Gartengestaltung trat. Ihr berühmtester Vertreter war der Gärtner Lancelot Brown (1715–1783), der in jeder neuen Aufgabe, die ihm gestellt wurde, gewisse Möglichkeiten entdeckte (»It's got capabilities!«). Der Spitzname »Capability Brown« begleitete ihn fortan.

Ein grünes Badezimmer besonderer Art. Der saubere Pool grenzt an ein Biotop mit Seerosen und Libellen.

GRÜNE ZIMMER

Ein formaler Bauerngarten. Daß er in eine größere Gartenanlage mit Naturgartencharakter eingebunden ist, merkt man zunächst nicht.

Dieser neue Gartenstil versuchte, die Formen der freien Landschaft in den Gärten nachzugestalten. Da die noblen Herrschaften in der Regel über viel Gelände verfügten, wurden die Gärten vom 18. Jahrhundert an parkartig mit natürlich wirkenden Gehölzgruppen, geschwungenen Linien und Pflanzen angelegt, die man frei und ungeschnitten wachsen ließ. Dieser pflegeleichte Gartenstil lebt bis in unsere Zeit fort und erfaßte auch kleine und kleinste Gärten. Hier allerdings zeigen sich seine Grenzen, denn allgemeine Formlosigkeit kann nur für eine gewisse Zeit befriedigen. Das eine tun und das andere nicht lassen – so hat sich die Garten«kunst» weiterentwickelt. Der umgrenzte, mehr oder weniger formale Garten verschwand dabei nicht, er wurde lediglich auf kleine Areale innerhalb einer Gesamtanlage beschränkt.

Eine geschickte Gartengestaltung teilt eine große Fläche möglichst in mehrere kleinere Bereiche auf. Diese müssen nicht unbedingt in strenge Formen gepreßt sein, sondern können zum Beispiel aus runden oder gebuchteten Inseln bestehen. Geschwungene oder auch gerade Wege, Treppen und Senken machen neugierig. Sie führen zu individuell gestalteten Situationen, die verschiedene Themen ansprechen. Der Besucher wandert dann bei einem Rundgang durch den Nutzgarten, den Spielgarten, den Wassergarten, durch Kräuter- und Blumenbeete in formaler, natürlicher, mediterraner oder Ton-in-Ton-Bepflanzung, ganz nach Geschmack. Es hat auch etwas für sich, wenn es die Konzeption zuläßt, daß man später noch neue Ideen aufgreifen und verwirklichen kann. Es muß ja nicht alles durchgestylt sein. Sie könnten z. B. zunächst an passender Stelle mit preisgünstigen bunten Sommerblumen-Mischungen experimentieren oder einen Sitzplatz am Haus mit einer Kräuter-Trockenmauer abschließen.

Der Steingarten in Silber und Weiß schließt den Rosengarten nicht aus, der Sitzplatz unter dem Apfelbaum läßt sich durchaus mit einem Gartenteich oder Bachlauf kombinieren, und wer es fernöstlich liebt, der kann Bambus pflanzen, mit Azaleen und Steinlaternen kombiniert.

TIP Oft bleibt für den Nutzgarten kaum Platz. Kein Problem – integrieren Sie einfach Gemüse und Obst an lichtreicher Stelle zwischen Sträuchern und Stauden. In unserem Garten zum Beispiel gibt es überall etwas zu naschen. Blaubeeren und Rhabarber am Teich, Stachelbeeren zwischen den Parkrosen, Johannisbeeren als Stämmchen über niedrigen Stauden und die Erdbeerwiese 'Florika' mit ihren aromatischen Früchten als nahrhaften und pflegeleichten Bodendecker am Bach.

GARTENPLAN

Etwas Gartenplanung vorweg

Ein Grundstücksplan enthält nicht nur die genaue Lage des Hauses und die äußeren Abmessungen des Gartens. Wichtig sind auch die Himmelsrichtungen, Wege, feste bauliche Elemente und eventuell bestehende Gehölze, die wichtige Vorgaben für die Planung darstellen.

Ihren Gartenplan können Sie auf Millimeterpapier übertragen und bereits in Gedanken verschiedene »Zimmer« gestalten. Wege, Zu- und Ableitungen von Strom und Wasser (am besten in frostfreien Gräben), Außensteckdosen, Wasserhähne – das alles gewinnt zwar erst später an Bedeutung, sollte aber schon jetzt gut überlegt und während der Ausführung zeichnerisch oder fotografisch für spätere Änderungen dokumentiert werden. Falls Sie einen Gartengestalter beauftragen, ist er vielleicht bestrebt, Ihnen eine perfekte Computerzeichnung vorzulegen. Das hat seine Vorzüge, aber für Selbermacher reicht meist eine Skizze im Maßstab 1:100, auf der man noch radieren kann.

Beginnen Sie damit, die genaue Lage von bereits vorhandenen Bäumen, Sträuchern und Gebäuden einzuzeichnen, die in der künftigen Planung eine Rolle spielen. Und achten Sie besonders auf die Verteilung von Morgen- und Abendsonne, Sonne und Schatten, auf zugige Winde und besonders schöne Aussichten. All dies trägt wesentlich dazu bei, daß Sie sich später in Ihrem Garten richtig wohlfühlen werden.

Die Bautrupps hinterlassen eine zunächst wüste Fläche ohne markante Strukturen. Um daraus einen idyllischen Garten zu schaffen, markieren Sie zunächst Ihre speziellen Wünsche und Vorstellungen. Meist liegt z. B. die Terrasse nahe am Haus; nur bei Schattenlage ist es erwägenswert, sie mit einem kleinen Weg an eine sonnigere Position zu verlegen. Auch auf den Gartenteich blickt man gerne vom Haus aus. Spielbereich, Sitzecke, Gartenhaus, Gewächshaus, Nutzgarten – sie alle wollen durch Rasen oder Wege sinnvoll miteinander verbunden werden. Genügend Platz muß auch eingeplant werden für Autostellplatz bzw. Carport, Mülltonnen, Fahrräder, Komposttonne oder Kompostplatz. Diese Beispiele sollen nur einige wichtige Elemente andeuten, die schon in der Planungsphase zu berücksichtigen sind.

Der Sonne zugewandt, vor rauhen Winden und neugierigen Blicken geschützt, präsentiert sich die Terrasse als blühendes Gartenzimmer.

GARTENPLAN

Hohe Mauern machen diesen Stadtgarten intim. Zum Prachtstück hat sich der Hartriegel (*Cornus controversa* 'Variegata') ausgewachsen.

Hanglagen sind gärtnerisch schwierig zu bewältigen, ergeben aber oft besonders reizvolle Gartenanlagen mit Treppen, Absätzen, Winkeln, Bachläufen und Wasserfällen. Man kann auch im Rasen kleine Bodenwellen anhäufen – ganz platt erscheint er oft etwas langweilig. Anhöhen, Treppchen, Vertiefungen, geschwungene oder formale Terrassierungen regen die Phantasie an, gliedern das Gelände und schaffen Abwechslung für das Auge. Selbst schmale Reihenhausgärten wirken so lebendiger und viel größer.

Planen Sie nun Bäume und Sträucher ein. Wichtig ist vor allem deren spätere Größe, die Sie Büchern und Katalogen entnehmen können. Beachten Sie die Blütezeiten der Gehölze und denken Sie bei ihrer Wahl auch an schöne Herbstfärbung, Fruchtbehang und den ökologischen Nutzen für die vielen tierischen Mitbewohner im Garten. Sie sind bekanntlich Helfer bei der biologischen Schädlingsbekämpfung. Mit Gehölzen erhält der Garten Struktur und ein Gerüst aus Licht und Schatten, dem sich Stauden und Sommerblumen unterordnen. Wichtig sind genügend Immergrüne, denn im Winter sind sie es, die zusammen mit Wegen und Bauwerken den Garten prägen.

Auch bei der Auswahl der Stauden gehen wir zunächst nach Größe vor. Die sogenannten »Leitstauden« prägen Farbe, Charakter und Blütezeit der Beete. In der Regel pflanzt man sie nach hinten, die kleineren Füllstauden dazwischen und die Bodendecker auslaufend davor. Gräser und auffällige Zwiebelblumen wie z. B. Lilien können die Harmonie unterbrechen und Akzente setzen. Besonders bei abendlicher Beleuchtung bringen solche Extras ungeahnte Effekte (siehe Seite 65ff.).

GARTENPLAN

TIP In Töpfen vorgezogene Einjährige und direkt gesäte Sommerblumen sind ideale Lückenfüller für Beete und Rabatten. Sie sorgen für Farbe und schonen dabei den Geldbeutel. Falls Sie unsicher sind in Ihrer Wahl, probieren Sie einmal eine der herrlichen Wild- und Landblumen-Mischungen. Man sät sie einfach aus und beobachtet, was sich aus ihnen entwickelt. Das garantiert Freude von Juni bis zum Frost.

Mit herrlichen Sommerblumen-Mischungen lassen sich Beete preisgünstig in Farbe tauchen.

Boden, Wasser und Pflanzung

Bevor es jedoch ans Pflanzen geht, braucht man Klarheit über die Medien, in denen die Pflanzen wachsen: Wasser und Boden. Eine Probe geht zum örtlichen Wasserwerk, eine andere zur Bodenuntersuchung – das kostet nicht viel, läßt aber die wichtigsten Eigenschaften erkennen, die für das Gedeihen wichtig sind.

Falls nötig, wird der Boden verbessert. Auf Sandboden nicht zu schmierigen, bröckeligen Lehm einarbeiten, auf Tonboden mit Kies und Sand für Wasserabzug sorgen und alle Böden mit Humus anreichern – das sind die wichtigsten Maßnahmen, die sich schon bald in Form von freudigem Pflanzenwachstum auszahlen. Zugaben von Kompost (falls Sie ihn zukaufen, achten Sie auf gütegesicherte Qualität ohne Unkraut!) und eine selbst gesäte Gründüngung, Kalk nach den Ergebnissen der Bodenanalyse, dazu 120–150 Gramm Hornspäne pro m², auch abgelagerter Mist, wenn Sie ihn bekommen können – so entwickeln sich auch in einem noch »toten« Boden schnell Bodenleben und Fruchtbarkeit.

Nun kann gepflanzt werden. Die beste Pflanzzeit für Gehölze, Rosen und Stauden liegt im Herbst. Im Frühjahr können Sie zwar bis zum Laubaustrieb pflanzen, doch Sommerhitze und noch kaum entwickelte Wurzeln bedeuten für die Pflanzen enormen Streß. Keine Angst, wenn Ihnen die Stauden aus

Hohe und niedrige Stauden, Plattenwege, Trockenmauer und Teich locken zu immer neuen Entdeckungen.

GARTENPLAN

Abwechselungsreich, pflegeleicht und trotzdem nicht aufwendig sind Stein- und Gräsergärten. Der knorrige Apfelbaum durfte bleiben.

dem Gartencenter als wenig vertrauenserweckende Winzlinge erscheinen! Aus 1 oder 2 Trieben sind bis zum Herbst 7 oder 8 geworden, und im übernächsten Jahr müssen Sie bereits teilen. Natürlich kann man sich auch von Freunden Ableger holen und diese bis Anfang Mai einpflanzen.

Aus vorgezogenen, großen Pflanzen in Containern können Sie unabhängig von der Jahreszeit ständig Gärten anlegen. Das kostet etwas mehr, hat aber auch Vorteile: Man sieht sofort die Blütenfarben, kann den Wuchs einschätzen, auf spontane Ideen eingehen. Reißen Sie fest verwurzelte Ballen etwas auf! Dadurch fördern Sie das Anwachsen, denn die verletzten Wurzeln verzweigen sich rasch und dringen bald in das Erdreich vor.

TIP Falls Ihnen die Jahreszeit davonläuft, gibt es eine einfache Lösung: Säen Sie alle offenen Flächen mit einer Gründüngung ein. Es gibt dazu auch üppig bunt blühende Blumenmischungen, die den Boden bald bedecken! Das Unkraut wird so unterdrückt, und wenn Sie wieder Zeit haben, können Sie passende Flächen für den Rasen, die Terrasse oder den Gartenteich umgraben.

PFLANZEN KOMBINIEREN

Blumenpracht in gefälliger Unordnung

Ideale der Romantik haben noch heute einen maßgeblichen Einfluß auf die Gartengestaltung.

Überbordender Pflanzenwuchs, angelegt in wohlgeordneten Beeten, kennzeichnet den Bauerngarten. Gebändigt wird er durch geschnittene Einfassungen aus Buchs, Kriechspindel (*Euonymus fortunei*), Heiligenkraut (*Santolina chamaecyparissus*), Liguster, oder aber durch Natursteine. Die Ideen der impressionistischen Maler, wie Claude Monet (1840–1920), Vincent van Gogh (1853–1890) oder in der Folge auch des Expressionisten Emil Nolde (1867 – 1956), wirken in der Gartengestaltung fort. In ihren eigenen Gärten und der Gestaltung ihrer ländlichen Umgebung setzten sie dem allzu Gedrechselten und Strengen den Charme von Land- und Wildblumen entgegen.

In England gelang es dem Architekten Edwin Lutyens um die Jahrhundertwende, den Stil der Hausgärten und Parkanlagen zu reformieren. Hecken, Wege und Blickachsen mit Wasserkanälen kontrastieren bei ihm mit den Beeten. Seine Partnerin bei der Planung und Anlage der Gärten war die Engländerin Gertrude Jekyll. Stauden und Sommerblumen verstand sie so gekonnt miteinander zu kombinieren, daß alle scheinbar »natürlich« miteinander harmonierten, obwohl Farben, Blütezeiten, Wuchscharakter und die sich daraus ergebenden Gartenstimmungen bis in alle Einzelheiten geplant waren. Solch perfekte Beete setzen selbstverständlich eine genaue Kenntnis der Pflanzenarten und der Sorten mit ihrem jeweils unterschiedlichen Wuchs- und Blühverhalten voraus.

Blatt- und Blütenfarben harmonisch kombinieren

Gertrude Jekylls Einfluss auf die heutige Gartengestaltung ist unverkennbar. Durch ihren ursprünglichen Berufswunsch, die Malerei, sowie eine enge Verbindung zum Impressionismus und ein ausgeprägtes Empfinden für Farben und Formen entstand unter ihrer Regie die Idee der Farbgärten, des weißen oder silbernen Gartens, des gelben, roten, blauen oder orangeroten Gartens mit eleganten Ton-in-Ton-Kombinationen. Nicht knallbunt und damit unruhig, sondern in passenden Farbstufen oder in Kontrastfarben harmonisch

Weißblühender Dufttabak (*Nicotiana sylvestris*) harmoniert mit zarten Kontrasten.

PFLANZEN KOMBINIEREN

Die verspielte Bank umgibt sich mit duftender Staudenkamille.

Gehölze und Stauden in dunklem Rot sind hier das Thema. Die leuchtenden Farben der Tulpen beleben das Bild.

PFLANZEN KOMBINIEREN

abgestimmt – so kann man die Pflanzen auch auf kleinstem Raum miteinander zur vollen Wirkung bringen.

Mehr als drei Farben sollten es jedoch nicht sein. Damit wird erreicht, daß sich unbewußt, aber spürbar, die Grundidee der Gestaltung auf den Betrachter überträgt.

Entscheiden Sie zunächst ganz nach Temperament und Laune, wie Ihr Garten aussehen soll. Beispielsweise verträumt in Blau und Violett – diese Farben vermitteln vor allem abends bei schwindendem Licht und in kleineren Gärten den Eindruck größerer Weite. Oder mit einem Schwerpunkt auf weißen Blüten, die mit dem silbrigen Laub von Blattschmuckpflanzen perfekt miteinander harmonieren. Hier kann man zusätzlich noch zartes Gelb hinzufügen. Diese kühlen Farben wirken frisch und elegant, abends auch aufmunternd. Ebenso Blau und Weiß.

Mittelmeerambiente nördlich der Alpen. Zum silbrigen Grün gesellt sich dunkles Blau.

Ganz anders die Signalfarbe Rot. Die Farbe der Liebe ist etwas für Aktive. Leuchtendes Rot läßt sich allerdings schwierig kombinieren. Am besten paßt

Runde Beete vermitteln Ruhe und Harmonie. Zartes Rosa gibt den Ton an.

PFLANZEN KOMBINIEREN

Ein Terrakottagefäß mit Hängepetunien setzt malerische Ton-in-Ton-Akzente (links).

Goethes Farbkreis: mit ihm lassen sich harmonierende Farben ermitteln (siehe Tip Seite 19).

Sommerlich, freundlich und warm wirken gelbe und rote Töne.

dunkles Grün dazu oder ein Kontrast mit Weiß. Hervorragend harmonieren dagegen Gelbtöne mit Orange und zartem Grün, etwa mit Frauenmantel (*Alchemilla mòllis*) als Unterpflanzung. Weiß gilt als Nicht-Farbe. Es erweist sich aber als sehr wertvoll im Kontrast zu anderen kräftigen Farben, als neutralisierend und elegant, vor allem in Verbindung mit Gelb und Lila.

Als warme Farben gelten Gelb, Rot und Purpur. Zusammengestellt wirken sie lebhaft und anregend. Als kalte Farben kennen wir Blau, Violett und Grün – in Kombination wirken sie unruhig, sehnsuchterweckend, weich und schmachtend. Wirkungsvoll können Kontraste sein wie Hell und Dunkel, Warm und Kalt, Bunt und ruhiges Grün. Gekonnt wirken Gruppen in verwandten Farbtönen, die Ton-in-Ton harmonisch aufeinander abgestimmt sind.

PFLANZEN KOMBINIEREN

Farbe		Eindruck	Kontrast
Blau	reines Blau	kühl, frisch, vornehm	mit leuchtend Rot und Weiß
	lilablau	verträumt, entspannend, täuscht Weite vor	
Rot	leuchtendes Rot	lebhaft, freudig, warm, auch aggressiv	mit Weiß oder Grün
	weinrot	charmant, gefühlvoll, nostalgisch	
Gelb	helles Gelb	sonnig, leicht, freudig, vornehm	mit Weiß, hellem Grün
	dunkles Gelborange	warm, satt, Aufmerksamkeit heischend	mit Violett elegante Wirkung
Grün	helles Grün	belebend; hebt andere Farben hervor, neutralisiert	
	dunkles Grün	neutralisierend, harmonisch	
Weiß	reines Weiß	elegant, kühl, frisch	hebt andere Farben hervor, besonders Blau und Rot
	cremeweiß	elegant, paßt sich an umgebende Farben an	

TIP Hilfreich ist bei einer Farbzusammenstellung der bereits von Goethe so sehr geschätzte Farbkreis. Legt man ein gleichschenkeliges Dreieck in beliebiger Anordnung hinein, so harmonieren die durch die Ecken des Dreiecks angezeigten Farbtöne miteinander.

Die Alternative zum Rasen: Römische Kamille bildet einen duftenden Teppich.

Einfarbiges Grün wirkt für das Auge beruhigend und setzt den Rest der Gartenanlage in Szene. Auch wenn man ein Liebhaber üppig-überquellender Blumenbeete ist, sollte man daher dem ordnenden Rasen Achtung zollen. Wer jedoch ohne Rasenmäher auskommen möchte, findet in bodendeckenden Pflanzen wie Stachelnüßchen (*Acaena*), Römischer Kamille (*Chamaemelum nobile*) oder Walderdbeeren (als Erdbeerwiese mit der Sorte 'Florika') einen vollwertigen Ersatz. Einen Farbgarten voll durchzukomponieren ist eine Meisterarbeit, die nicht nur Kenntnisse der Arten, Blühdauer, Höhe, Wuchsverhalten usw. voraussetzt, sondern vor allem auch die Auswahl geeigneter Sorten. Seien Sie daher nicht enttäuscht, wenn nicht alles auf Anhieb paßt. Mir kommen die besten Verbesserungsideen im Gartencenter beim Anblick von blühenden Containerpflanzen. Gleich mitnehmen und einpflanzen erweist sich dabei oft als sinnvoller als langes Planen im Winter.

Sitzecken - intim und windgeschützt

Der Platz auf dem Präsentierteller ist im Garten nicht gefragt. Vielmehr wünschen wir uns den intimen Sitzplatz, der Sonne zugewandt, windgeschützt und den Blicken der Nachbarn entzogen.

Oft schließt sich die Terrasse direkt ans Wohnhaus an. Sie ist gewissermaßen die Fortsetzung der Wohnräume nach draußen und kann im Stil einiges von drinnen weiterführen, zum Beispiel durch einen einheitlichen Bodenbelag. Auf der Terrasse als »Gartenraum« soll es besonders behaglich und angenehm warm sein, denn wo kann man besser den frischen Morgen mit dampfendem Kaffee und knusprigen Brötchen beginnen, den lauen Abend in fröhlicher Runde beschließen?

Das setzt Sonne und eine schützende Hauswand voraus. Südlage und pralle Sonne kann allerdings auch unangenehm sein. Man flüchtet dann gerne in den kühlenden Schatten, entfaltet den Sonnenschirm oder läßt die Markise herunter. Am günstigsten ist daher eine vorbeugende Mischung für beide Situationen, durch entsprechend aufgestellte Rankwände, eine Pergola mit sommergrünen Kletterpflanzen wie Knöterich (*Fallopia*) oder Trompetenblume (*Campsis*), durch Pflanzgefäße oder

**Linke Seite:
Ländliche Idylle zwischen Haus und Garten. Decks aus dem Naturbaustoff Holz sind sauber und pflegeleicht.**

Vom Sitzplatz aus Fische und Libellen beobachten, den Blick aufs Wasser genießen, abends im schummrigen Licht der Schwimmkugeln träumen...

SITZECKEN

Hecken sorgen für Intimität. Hier kann die Familie entspannen.

Die Kulisse des Gartens fällt je nach Jahreszeit unterschiedlich aus.

große Kübelpflanzen. Ein Hausbaum in passender Entfernung, der über Mittag Schatten wirft, ist eine hervorragende Alternative dazu. Dies kann etwa ein Obstbaum sein, blühend im Frühjahr und mit Früchten im Herbst.

Wer sagt aber, daß man sich mit einem einzigen Sitzplatz begnügen muß? Selbst auf kleinen Grundstücken gibt es immer mehrere Möglichkeiten, und sei es nur ein dekorativer Baumstumpf, ein ausreichend hoher Stein oder das Plätzchen für einen Stuhl am Wegrand, von dem aus der Blick auf ein buntes Blumenbeet fällt.

Holen Sie daher Ihren Gartenplan hervor und zeichnen Sie auf Millimeterpapier die optimalen Stellen für die Sitzecken ein. Neben der Verteilung von Sonne und Schatten ist auch die Größe des Sitzplatzes wichtig. Dazu einige Beispiele:

SITZECKEN

Mit leichten Stühlen und Bistro-Tischen läßt sich schnell ein Sitzplatz zaubern.

Für einen Bistro-Tisch und einen Stuhl braucht man nur 1–2 m². Die Sitzecke auf dem Titelbild mißt 200 x 130 cm. Sie reicht für zwei Personen, einen kleinen Tisch, zwei Stühle und einige Pflanzen oder für eine Bank mit 2–3 Sitzplätzen. Wie viele Personen sollen bequem unterkommen? Die Gartenparty ist kein echter Maßstab – notfalls können die Gäste auch auf den Rasen ausweichen. Besuch aber ist sicher willkommen. Ein eckiger Tisch mit 6 Stühlen braucht nicht viel mehr Platz als ein runder Tisch mit 4 Stühlen: 4 Meter Länge und 3 oder besser 4 Meter Breite. So ist keiner gezwungen, in die Beete zu treten. Um einen runden Tisch mit 1 Meter Durchmesser passen 6 Stühle. Damit alle bequem aufstehen können, ergibt sich ein Platzbedarf von 350 x 350 cm, also 12,25 m².

Sehen Sie jedoch, wenn möglich, etwas mehr Platz vor, etwa für einen Gartengrill, den Sonnenschirm oder einige Sonnenliegen. Auf der freien Fläche dürfen sich blühende Kübelpflanzen entfalten. Überhaupt – eine großzügige Lösung wird immer als angenehm empfunden; häufig muß man aber mit dem Platz geizen. Abhilfe bieten Bänke oder die Abgrenzung von Pflanzbeeten mit massiven Bohlen oder niedrigen Mauern. Kommt Besuch, werden darauf ein paar Kissen gelegt, und schon ist Sitzplatz geschaffen.

Abgrenzungsmöglichkeiten: Mauern

Wer sich im Garten ausruhen möchte, sucht die Abschirmung von Lärm und eine private, gemütliche Atmosphäre. Um sie zu erzielen, braucht man Abgrenzungen, die durch Pflanzengruppen, Hecken und Rankwände oder durch Mauern entstehen können. Als Begrenzung des Grundstücks sind Mauern kaum zu bezahlen. Direkt am Haus bieten sie sich jedoch an, und im Zuge des Hausbaus lassen sie sich noch preisgünstig verwirklichen. In einem späteren Schritt kann man sie überdachen und so zu einem Wintergarten gelangen. Mauern schaffen perfekten Schutz, durch ihre Dichtheit und Masse auch gegen Lärm. Sie verstellen aber auch den Blick nach draußen. Wer sich daran stößt, kann durch eine gegliederte Bauweise für Auflockerung sorgen. Auch Fenster als Ausguck sind eine gute Idee; besonders elegant wirken sie in runder oder modischer Ellipsenform, in der Wirkung sind sie noch steigerbar durch eingesetzte Rankgitter sowie als Stellplatz und Blickfang für eine schöne Blumenschale oder eine Bronzefigur.

Trellis (siehe Seite 90ff.) oder Rankgitter geben Halt für Weinreben, Rosen oder andere Kletterpflanzen. Besonders effektvoll ist ein eingelassener Spiegel,

SITZECKEN

Ein idyllischer Innenhof mit viel Grün im Schutz der bewachsenen Mauern.

Der schattige Sitzplatz lädt dank wetterfester Teakmöbel ständig zum Platznehmen ein.

der wie in vergangenen Zeiten als »Trompe l'oeil« (siehe Seite 91 und Bild Seite 83) das Auge verführt und ein viel größeres Ambiente vortäuscht.

Eine gemauerte, größere Fläche kann aber auch von Vorteil sein, um Kübelpflanzen oder schöne Gartenmöbel effektvoll in Szene zu setzen.

Sichtschutzelemente

Sichtschutzelemente aus Holz oder Rankgitter aus Metall sind weniger dicht als Steinmauern, bieten dafür aber den Pflanzen mehr Rankmöglichkeiten. Wenn die Terrasse neu gestaltet wird, kann man auch gleich eingefaßte Pflanzbeete vorsehen – das spart eine Menge Geld, sieht ansprechend aus und bringt Vorteile beim Gießen. Mit Pflanzgefässen aus Holz, frostbeständigem Terrakotta, leichtem Kunststoff oder anderen Materialien kann man auch ebene, weite Flächen aufteilen, Sichtschutz schaffen und dem schweifenden Blick einen Halt bieten. Bei manchen Zaunsystemen finden die Rankgitter im Gefäß Halt, so daß keine weiteren Konstruktionen erforderlich sind.

TIP In manchen Pergolensystemen zaubert ein zwischen die Stützen eingeklinktes, stabiles Brett im Handumdrehen einen gemütlichen Ruheplatz hervor. Man kann ihn durch seitliche Regale ergänzen und erhält so praktischen Stauraum für Gartengeräte, Accessoires und vieles mehr.

Bodenbeläge

Einen wichtigen Einfluß auf das Wohlbefinden hat der Bodenbelag.

- **Holzfliesen**, im Palettensystem verlegt, sind preisgünstig, schnell verlegt und pflegeleicht. Holzdecks aus imprägnierten Brettern, auf haltbare Kanthölzer genagelt oder verschraubt, sehen gut aus. Man kann sie natürlich belassen oder aber mit einer Lasur oder deckenden Farbe streichen – das bringt lebendige und stimmungsvolle Effekte, ganz nach Ihrem Geschmack. Achten Sie darauf, daß das Holz geriffelt ist. Gehobeltes Holz kann bei Regen sehr glatt und rutschig sein.

Die windgeschützte Sitzecke ist mit hölzernen Bänken, Regalen und Pflanzkästen gemütlich und komfortabel.

SITZECKEN

Schutz gegen Wind bietet der Wintergarten. An der lebensgroßen Bronzefigur vorbei fällt der Blick aufs Wasser.

- **Natursteine** sind »in«, Waschbetonplatten »out«. Mit Klein- oder Großpflaster aus hellem Granit oder dunklem Basalt, Flintsteinen oder Sandsteinplatten kann man herrliche und gleichzeitig dezente Muster verlegen, sogar in Mosaiken fantasiereich Ideen verwirklichen. In den Ritzen siedeln sich allerhand Pflanzen an, z. B. einjähriger Duftsteinrich (*Lobularia maritima*), oder Mohn – ein charmanter Anblick. Allerdings sind Natursteine nicht billig. Doch die Steinindustrie war nicht untätig; inzwischen ist als Alternative eine Vielzahl von Kunststeinen erhältlich, die in den Farben und Oberflächen dem natürlichen Material recht nahe kommen.
- Frostbeständige **Klinker** sehen auf Dauer gut aus, sie lassen – auf ein festes, ebenes Sandbett verlegt – den Regen versickern und können in jeder Form verlegt werden. Bögen paßt man mit einer »Flex« oder Steinsäge an. Pflasterungen von Rondellen, Quadraten, geschwungenen Wegen oder reizvollen Treppchen bleiben jedoch ein zeitraubendes und teures Vergnügen.
- **Rollkies** sieht perfekt aus, läßt durch die trockene Hitze an sonnigen Tagen kaum Unkraut aufkommen, kann aber schlecht barfuß betreten werden und verschmutzt, wenn in der Nähe laubabwerfende Gehölze stehen.
- **Holzhäcksel** bringt ähnliche Probleme. Dieser Belag, auf dem man im übrigen herrlich weich gehen kann, ist billig und schnell ausgebracht.
- **Brechkies** ist ein fein gemahlener, sandfarbener Wegbelag, der durch Lehmanteile gebunden ist. Man kann ihn auf einer Schicht aus gro-

SITZECKEN

bem Kies als Unterbau in 5–10 cm Dicke mit der Schaufel ausbringen und glattharken. Nach dem Verdichten wird die Masse fest, führt aber dennoch Wasser ab und begrünt sich allmählich. Für Eingänge, Parks und Fahrspuren ist dieses preisgünstige Material ideal. An trockenen Stellen bleibt es allerdings locker und bindet nicht ab.

- **Rasenwege** sind eine hervorragende Alternative, für alle, die sich den Garten möglichst grün wünschen. Nach der Mahd mit dem Rasenmäher sieht alles sofort wieder gepflegt aus. Auch das Laufen auf dem grünen Teppich ist erholsam. Rasen kann man leicht selbst ansäen. Die schnellere und – wegen der Rasenqualität – auch bessere Alternative heißt Rollrasen. Man richtet den Untergrund eben her, reichert ihn mit Humus und Nährstoffen an und rollt die vorkultivierten grünen Matten in geschwungener oder gerader Form aus. Nur noch angießen – und schon kann der neue Weg betreten und mit Karren befahren werden. Ein wichtiger Punkt, wenn sich die Gartenanlage über Wochen oder Monate hinzieht. Denken Sie auch gleich an die Rasenkanten. Man kann sie zwar ein – bis zweimal im Jahr sauber abstechen – doch hat man dazu immer Zeit und Lust? Besser ist es, gleich fertige Kantenelemente zu versenken – es gibt sie aus Kunststoff in mehreren Variationen. Schön sind auch zwei Streifen aus frosthartem Klinker, die, in ein Sandbett verlegt, den Rädern des Mähers dauerhaften Halt bieten. Damit keine Gräser durchwachsen, wird ein Bitumenstreifen von der Rolle daruntergelegt.

Der Gartenteich ist Anlaß für eine Sitzecke auf frostfestem Klinker.

Auf Holzhäcksel läuft man herrlich bequem. Ideal für Naturgärten!

SITZECKEN

TIP Wer nicht gerne Rasen mäht, kann auf kleineren und weniger häufig beanspruchten Flächen auf flach wachsende Stauden zurückgreifen. Duftende Römische Kamille (*Chamaemelum nobile*), Stachelnüßchen (*Acaena buchananii*) oder Thymian bzw. Quendel (*Thymus serpyllum*) breiten sich rasenartig aus und blühen lange. Für den Schatten eignet sich die – wuchernde – Walderdbeere (*Fragaria vesca*). Ihr Vorteil: Von ihr kann man aromatische Früchte ernten.

Thymian in verschiedenen Farben bildet zusammen mit Oregano einen duftenden Kräuterteppich.

Der edle Rahmen für die schöne Gartenbank besteht aus kunstvoll beschnittenem Buchs.

LAUBEN, GAZEBOS

Idyllische Lauben und verspielte Gartenhäuschen

Als Kinder fühlten wir uns in einem hohlen Baum geborgen. Das Nest in einer Kopfweide war Ausguck und Rückzugsgebiet zugleich.

Kinder haben es selbst in der Hand, sich aus einfachen Mitteln ein Refugium zu zaubern. Das kann ein **Indianerzelt aus schnell kletternden Feuerbohnen** sein. Die Bohnen bilden ein dichtes Blätterdach, blühen herrlich feuerrot oder weiß, bringen reichen Ertrag an grünen Bohnen und danach eine interessante Ernte, nämlich dicke Samenkörner in mysteriös geflecktem Schwarz-Violett. Man braucht dazu nur einen langen Pfahl, haltbare Schnüre, ein paar Pflöcke und Samen zum Säen – schon wächst das Kinderhaus heran.

Ein grünes **Haus aus frischen Weidenruten** entsteht mit ähnlich wenig Aufwand. Die Kinder stecken die Ruten im Herbst oder Frühjahr ins Erdreich. Bald schlagen die Äste Wurzeln, treiben Blätter und Zweige, die sich innerhalb von wenigen Jahren zu einem dichten Geflecht verbinden. Aus dem gleichen Naturmaterial kann man auch lebendige Zäune und Laubengänge bauen.

Hänge- bzw. Trauerformen von verschiedenen Bäumen bieten sich an heißen Tagen an, um unter ihrem Blätterdach auszuruhen und auf der Bank die Zeit zu verbringen, vor Sonnenstrahlen und neugierigen Blicken geschützt durch den grünen Blättervorhang. Solche Formen gibt es z. B. von Birken, Buchen, Eschen, Linden und

Für ein Kinderzelt aus Feuerbohnen braucht man nur ein wenig Fantasie.

Wie ein Bergfried throhnt das stilvolle Kinderhaus auf einem Stamm.

29

LAUBEN, GAZEBOS

Das duftende Rosenparadies wartet auf romantisch gestimmte Gäste.

Unter dem dichten Blätterdach einer Hängeesche verfliegen heiße Mittagsstunden im Nu.

Ulmen. Auch die berühmten japanischen Zierkirschen (z. B. *Prunus subhirtella* 'Pendula') können ideale natürliche Lauben bilden, die kaum Schnittarbeit erfordern.

Die **grüne Laube** aus wintergrünen Heckenpflanzen wie Eibe (*Taxus*), Lebensbaum (*Thuja*) und Liguster (*Ligustrum*), sommergrüne Hainbuche (*Carpinus*), Eiche (*Quercus*) oder gelb blühender Forsythie ist ein beliebtes, wenn auch arbeitsaufwendiges Gestaltungselement aus den Bauerngärten. Mindestens einmal im Jahr, nach dem abgeschlossenen Austrieb im Hochsom-

LAUBEN, GAZEBOS

Von Pflanzen umsponnen ist das lauschige Plätzchen im Gazebo.

mer, werden sie mit der Heckenschere in Form gebracht.

Gazebos (Verstecke) nennt man in England die luftigen Konstruktionen in romantischen oder auch viktorianisch verspielten Formen, an denen allerlei Kletterpflanzen emporranken oder -klimmen. Je nach Geschmack haubenartig und oben offen oder zum Dach hin gewölbt, bilden sie Stütze und Halt für üppig blühende Kletterrosen, Waldreben (*Clematis*), duftendes Geißblatt (*Lonicera*) und üppigen Knöterich (*Fallopia*). Wer ein immergrünes Geflecht wünscht, kann die langen Triebe des Efeus an den Stützen aufleiten. Für eine schnelle Begrünung eignen sich einjährige Winden (*Ipomoea* bzw. *Pharbitis*), Glockenwinde (*Cobaea*), zart duftende Wicken (*Lathyrus*) oder rankende Kapuzinerkresse (*Tropaeolum*). Auch hohe Sonnenblumen harmonieren mit dem Gestänge. Gazebos gibt es aus vorgefertigten Hölzern oder, weitaus häufiger, aus Stahlrohren zum Zusammenstecken. Besonders lange haltbar und gegen Rost geschützt sind feuerverzinkte, kunststoffummantelte Ausführungen.

Unter dem luftigen Blätterdach einer Weinlaube kann man gut feiern.

LAUBEN, GAZEBOS

Wer möchte sich nicht unter der herrlich nostalgischen Laube zum Plausch niederlassen?

Weinumrankte Lauben sind längst nicht mehr ein Privileg des Südens. Seitdem es ausgezeichnete schnellwachsende und ökologisch robuste Sorten gibt, kann man sich sogar als Nordlicht an selbstgezogenem Wein erfreuen (siehe Seite 116). Die gemütliche Sause findet in Konstruktionen aus kesseldruckimprägnierten Hölzern oder Metallroh-ren statt. Urig wirken Stelen aus Stein. Man kann sie überall im Steinhandel kaufen, allerdings kosten sie mit wachsender Entfernung vom Ursprungsort immer mehr. Gemauerte Pfeiler oder Pfosten aus Holz sind gute Alternativen. Wie in den Weinbaugebieten wird darüber mit kaum geglätteten Ästen oder Stämmen eine Laube geschaffen. Nicht dicht, aber stabil sollten Weinlauben sein, denn im Laufe der Zeit kann die Pflanzenmasse (besonders bei Regen) enormes Gewicht erreichen.

Beachten Sie beim Pflanzen der Reben im Herbst oder Frühjahr, daß die Pflanzgrube mindestens 50 x 50 cm groß und auch 50 cm tief sein muß. Wein ist ein Starkzehrer, der seine Wurzeln in die Tiefe schickt und an der Oberfläche weit schweifen läßt. Der umgebende Boden sollte daher reich mit Humus und organischen Nährstoffen angereichert sein.

TIP Die Amerikanerrebe 'Boskoops Glorie' hat sich unter den vielfältigsten Bedingungen bewährt. Die blauen oder auch weißen Trauben reifen sehr früh, werden deshalb mit großer Sicherheit reif, auch in Höhenlagen. Die Sorte ist weitgehend resistent gegen Mehltau, braucht keine Spritzungen und keine Veredelungen. Sie läßt sich aus Steckholz einfach vermehren und schmeckt als Tafeltraube ausgezeichnet.

LAUBEN, GAZEBOS

Ein duftendes Refugium inmitten von Kletterrosen, *Clematis*, Muskatellersalbei und Dost.

Gartenhäuser kann man aus Konstruktionsholz oder fertigen Elementen selbst bauen. Ob dies allerdings auch preisgünstiger wird, ist fraglich. Längst hält die Industrie für Kinder und erwachsene Gartenfreunde vorgefertigte Häuser aus größeren Serien bereit. Wenn die ganze Familie hilft, steht das neue Gartenheim in ein oder zwei Tagen. Montageanleitungen sind jedoch ein Kapitel für sich – nicht jeder ist versiert genug, um sie auf Anhieb richtig in die Tat umzusetzen. Bei größeren und komplizierten Modellen lohnt es sich meist allein schon wegen der Garantie, den firmeneigenen Montageservice in Anspruch zu nehmen. Sache des künftigen Besitzers bleiben Vorbereitungen wie der Bauantrag (falls erforderlich), die Erstellung von Bodenplatte oder Fundament, das Verlegen von Leitungen für Strom oder Wasser und die Anlage entsprechender Wege. Die meisten Gartenhäuser kommen mit einem ebenen Platz und einfachen Fundamenten aus Holzbalken oder Hohlblocksteinen aus, die mit Beton ausgegossen werden. Eine Folie oder Dachpappenstreifen als Dampfsperre verhindern, daß später aus dem Untergrund Feuchtigkeit hochziehen kann. Denken Sie daher an die Isolierung nach unten. Eine Schüttung, z. B. aus Perlite oder anderem Dämmmaterial ist schnell ausgebracht.

Stilvoll und geräumig gibt sich das Gartenhaus in pavillonartiger Bauweise.

GARTENHAUS

Ein Freizeithaus für's Wochenende

Damit aus einer einfachen Rechteck-Laube mit Satteldach ein schickes Freizeithaus wird, braucht es im Grunde nicht viel. Mit etwas Phantasie, einigen Zierelementen und einer aufmunternden Farbgestaltung lassen sich erstaunliche Effekte erzielen.

Bei dem hier gezeigten Häuschen ist ein Erker in der Abmessung von 120 x 60 cm hinzugekommen, und schon sieht es viel wohnlicher aus. Auch innen läßt sich mit einer Verkleidung aus Profilhölzern, einem Dielenfußboden, hübschen Fenstergardinen, mit Tisch und Eckbank bis hin zur Küchenzeile, Lampen und allerlei Krimskrams ein gemütliches Heim für lauschige Stunden im Grünen schaffen.

Bausysteme haben den Vorteil, daß alles montagefertig angeliefert wird und alle notwendigen Teile passen. Zusätzlich gibt es Wärmedämmpakete zur Isolierung und verschiedene Erweiterungsmöglichkeiten, meist bis zur gängigen Größe von 24 m². In Kleingärten ist dies die erlaubte Grenze für die Laubengröße, das Gerätehaus inbegriffen. Mit etwas Tüftelei und geschickter Plazierung reicht diese Größe aus, um darin auch eine Schlafgelegenheit (meist über eine Leiter erreichbar) und genügend Einrichtung unterzubringen.

Hier darf sich die ganze Familie wohlfühlen. Als Unterstellraum für Gartenmöbel ist ein solches Refugium zwar nutzbar, aber eigentlich zu schade. Das Gästehaus für unerwarteten Besuch, das Ferienhaus weitab von der Wohnung, das Partyhaus mit Fitnesseinrichtung oder das Büro für ungestörtes Arbeiten im Grünen zählen zu den passenden Verwendungsmöglichkeiten.

Ob rustikal, verspielt oder elegant, skandinavisch oder alpenländisch im Stil – schöne Gartenhäuser gibt es preisgünstig in verschiedenen Serien. Auch wer individuelle Lösungen sucht, kann auf einzelne Systemteile zurückgreifen. Meist werden sie aus massiven Blockbohlen gebaut. Holz als nachwachsender Rohstoff mit guten Wärmedämmwerten fügt sich perfekt in den Garten ein und gewinnt im Laufe der Jahre an Schönheit.

Ein vorgebauter Erker verleiht dem Gartenhaus stilvollen Charme.

GARTENHAUS

Aus vorgefertigten Blockbohlen erstelltes Freizeithaus – ideal für Naturgärten.

Zum Aufstellen genügt ein ebener Platz, denn die Häuser sind in sich stabil. Oft bietet es sich auch an, einen bereits vorhandenen, alten Bodenbelag zu nutzen. Mit einem Holzdeck ringsum, Zaun oder Rankelementen, Gartenmöbeln, Sträuchern und Blumen sind auch die unattraktivsten Stellen rasch »aufgemöbelt«.

Natürlich kann man noch viel mehr hinzufügen und das neue Gartenhaus als Gegenpart zum Haupthaus und der Terrasse machen. Reizvoll ist dann der Blick dorthin zurück. Geschwungene Wege, Treppchen, Baum- und Sträuchergruppen, Hecken, Bachlauf und Gartenteich bringen dabei Abwechslung und optische Spannung. Ringsum kann man auch Rasen ansäen oder die Wegeflächen pflastern. Die Hausfrau wird es zu schätzen wissen, wenn möglichst viel Schmutz draußen bleibt. Bei der Inneneinrichtung ist viel Eigeninitiative angesagt, denn fertige Lösungen gibt es kaum und Einzelteile aus Möbelprogrammen sind unverhältnismäßig teuer. Besondere Aufmerksamkeit ist bei der Auswahl der Farben geboten, wenn die Wände mit Wachs versiegelt, lasiert oder mit einer offenporigen umweltfreundlichen Deckfarbe gestrichen werden sollen.

Pavillons – romantisch und modern

Wer häufig Pflanzen selbst anzieht oder einen Überwinterungsplatz für frostempfindliche Kübelgewächse sucht, der liebäugelt bald mit einem Wintergarten oder, als Alternative, mit einem Pavillon.

Auch im Gewächshaus sitzt man gemütlich mit Freunden unter Palmen, frühstückt, umgeben von blühenden Kamelien, schnuppert die herrlichen Düfte der Zitrusgewächse, kann Bananen aus eigener Erzeugung ernten – und das alles zu winterlicher Jahreszeit, wo draußen Schnee und Eis eine weiße Decke ausgebreitet haben. Technisch ist dies alles kein Problem, doch richtig zufrieden werden alle erst sein, wenn auch das Äußere zur Attraktion wird.

Gewächshäuser haben zunächst das Wohl der Pflanzen im Auge. Damit sie auch zur Zierde gereichen, kann man sie zwar mit ansprechenden Farben, relativ einfachen Zierelementen oder einem vorgesetzten Erker verschönern. Warum aber nicht gleich zum Pavillon greifen, dem Inbegriff romantischer Idylle, der ringsum ebenfalls Schutz bietet vor Regen, Wind und garstiger Witterung? Wer drinnen sitzt, wird kaum gesehen, kann jedoch ringsumher die Pracht der Pflanzen und die Wolken

Ein eleganter Pavillon aus pflegeleichtem Aluminium.

PAVILLONS

Blaue Stunde im Blütenmeer – dieser zauberhafte Pavillon hat die passende Umgebung gefunden.

betrachten, den Blick aufs Haus und die Terrasse genießen – ein großartiges Gefühl.

In jedem Fall ist der Pavillon ein höchst dekoratives Bauwerk, das den Garten prägt. Sein Standort will daher gut überlegt sein. Sein Stil – modern oder mit Anklängen an die Vergangenheit – sollte mit der Umgebung harmonieren. Die Einbindung in den Garten durch Wege und Pflanzungen nimmt ihm dabei die Strenge. Gute Möglichkeiten ergeben sich am Teich, aber auch freigestellt als Mittelpunkt des Gartens, am Ende eines Weges oder als lauschiges Zentrum eines »Grünen Zimmers«, damit ein so schönes Bauwerk ge-

bührend zur Geltung kommt. Empfehlenswert ist der stilistische Bezug zu einem Gebäude oder einer Mauer und die Anbindung an eine Hecke oder eine Gehölzgruppe als Rahmen.

Der Begriff des Pavillons ist nicht genau definiert, die Übergänge zum Gartenhaus und zur Laube sind fließend und von Hersteller zu Hersteller verschieden. Pavillons gibt es in vielen Variationen, auch als Bausatz zur Selbstmontage bezugsfertig vom Hersteller geliefert. In der einfachsten Form können sie aus vier Pfosten bestehen, über das sich ein Dach aus wetterfestem Segeltuch wölbt. Mit Elementen aus dem Baumarkt wie Rankgittern und Sichtschutzwänden wandelt er sich in eine stilvolle Laube. An frühere Zeiten erinnern Rankgitter aus Holz oder dekorativem Metall. Kletterpflanzen an den Gittern und Wänden sorgen dann für Schatten und Sichtschutz. Meist sind Pavillons jedoch geschlossen und in der Dachkonstruktion auf ein Zentrum ausgerichtet.

Die Konstruktion besteht aus Fundament, Pfeilern und Wänden als stützenden Elementen, dem Dach sowie Verkleidungen aus Brüstungen, Fenstern, Türen und Rankelementen. Die verspielten Abkömmlinge der Gartenhäuser gibt es in vier- oder fünfeckiger Ausführung, seltener sind sie rund. Als praktisch haben sich sechs- oder achteckige Versionen erwiesen – je mehr Ecken, desto komplizierter und teurer wird allerdings ein solches Objekt.

Pavillons unterliegen den gleichen Anforderungen der Baubehörden wie Gartenhäuser. Je nach Größe und Ausführung sind die meisten von ihnen in Deutschland genehmigungsfrei, oft aber anzeigepflichtig. In der Schweiz und in Österreich sind die Vorschriften strenger. Erkundigen Sie sich daher mit einer kostenlosen Bauvoranfrage über die örtlichen Bestimmungen und beachten Sie den üblichen Grenzabstand von mindestens 3 Metern zum Nachbarn.

Die meisten Pavillons werden aus Holz gefertigt, wobei sich Lärche als heimisches Holz sowie nordische Kiefer und nordamerikanische Rotzeder (Western Red Cedar, *Thuja plicata*) bewährt haben (siehe auch Seite 53). Eiche muß mehrere Jahre lang abgelagert sein, denn bei Eichenholz, aber auch bei anderen Hölzern, kann das Verdrehen und Verwinden bei unterschiedlicher Feuchtigkeit ein Problem sein. Gut bewährt haben sich kesseldruckimprägniertes Bauholz und ölhaltige Farben als Lasur.

Weitere Materialien sind Stahl und pflegeleichtes Aluminium, das in den meisten Industrieserien verwendet

Das stilvolle Gartenhaus wurde aus alten Materialien neu errichtet.

PAVILLONS

Für diese Pergola mit abknüpfbarem Dach gibt es Pfeiler mit Rankgittern zum Nachrüsten. Schnell wird daraus ein Pavillon.

wird. Auch dieser Werkstoff läßt sich in zweckmäßiger Weise und in eleganten Formen verarbeiten.

Ein Durchmesser von 3 oder besser 4 Metern ist nicht zu groß, wenn man einige Stühle, einen Tisch sowie Topf- und Kübelpflanzen unterbringen will. Steht weniger Platz zur Verfügung, lohnt sich der Aufwand nicht, einen Pavillon aufzustellen; man ist dann besser mit einem Sitzplatz im Grünen beraten (siehe Seite 21ff.). Am besten schätzt man den Platzbedarf vorher durch Probesitzen ab.

Die Schwachpunkte vieler Pavillon-Modelle liegen in der Entlüftung – leicht wird es zu heiß – und bei den Dichtungen im Dachbereich. Regenrinnen nehmen dem Pavillon viel von seiner Eleganz. Überlegen Sie daher, ob Sie nicht darauf verzichten wollen. Falls wegen der Gefahr von Schlagregen doch Rinnen erwünscht sind, sollten diese nicht zu zierlich ausfallen, damit sie ihre Funktion auch erfüllen können.

TIP Decken Sie die Regenrinne mit einem Lochblech oder Kunststoffnetzen ab, damit herabfallendes Laub abgehalten wird und die Rinne nicht verstopfen kann.

Für Pavillons, die mit frostfrei zu überwinternden Kübelpflanzen, für Aussaaten und zum Aufenthalt im Winter genutzt werden, ist eine Anbindung an die Wohnhausheizung preisgünstig und praktisch. Meist verfügt die hauseigene Heizanlage über genügend Reserven für eine Rohr- oder Bodenheizung. Ansonsten haben sich – vor allem für gelegentliches Sitzen im mollig warmen Raum – elektrische Lufterhitzer mit ca. 2000 Watt Leistung bewährt. Sie lassen sich so einstellen, daß nichts einfriert, aber auch nicht übermäßig viel Energie verbraucht wird.

Gemauerte Fundamente sind schön, aber aufwendig zu erstellen. Für gewöhnlich werden daher mit Beton ausgegossene Formsteine verwendet; es genügt aber auch ein hölzernes Fundament mit Verankerung im Boden. Empfehlenswert ist in jedem Fall ein Dämmpaket aus isolierenden Stoffen wie einer Perlite-Schüttung oder Glaswollmatten, damit die Besucher beim Sitzen keine kalten Füße bekommen. Auch nachträglich läßt sich eine Isolierung aufbringen, z. B. mit Styropor-, Fermacell- oder Wedibauplatten.

Für die Sommernutzung und zum Unterstellen von Gartenmöbeln reichen einfache Verglasungen aus. Nur wenn im Winter stets gleichbleibende Wärme erwartet wird, lohnt sich der Aufwand für eine Isolierverglasung.

PAVILLONS

Ziehende Wolken am blauen Himmel. Der Blick bleibt an den Details des Entlüftungsdoms hängen.

Wer drinnnen sitzt, kann gut nach draußen schauen. Der Rundumblick aus dem geschützten Pavillon ist ein Erlebnis für sich.

Badehäuschen am Schwimmteich

Je dichter der Verkehr auf den Straßen wird, je enger sich Erholungssuchende in Schwimmbädern und Sportanlagen drängen, desto eher stellt sich die Sehnsucht nach Ruhe und stillem Genießen in privater Atmosphäre ein. Was könnte da schöner sein als ein eigener Schwimmteich?

Das ganze Jahr über präsentiert sich der Schwimmteich als ein attraktives Kleingewässer, das heimische Pflanzen beherbergt, wie etwa Froschlöffel, Pfeilkraut, Gelbe Schwertlilien, Blutweiderich, Seerosen und Blumenbinsen. Durch dichtes Grün geschützt, häuten sich Libellenlarven, um anschließend mit schnarrendem Flügelschlag am Wasser auf Mückenjagd zu gehen. Naturerlebnisse und Badevergnügen – beides schließt sich nicht aus – sind sogar in jedem größeren Gartenteich möglich, wenn er von vornherein richtig angelegt wird.

Das Prinzip ist den Bächen, Flüssen und Teichen in freier Natur abgeschaut, in denen das Wasser nicht steht, sondern einem ständigen Austausch unterworfen ist. Im Schwimmteich bleibt ein Bereich von mindestens 5 x 6 bis 8 Metern und 1,5 bis 2 Metern Tiefe (nach oben sind die Maße unbegrenzt) pflanzenfrei und dem Menschen vorbehalten. Unter Wasser und daher nicht sichtbar sorgt ein Damm dafür, daß kein Mulm ins saubere Wasser gelangt. Durch eine außen angebrachte Umlaufpumpe wird das Wasser von der tiefsten Stelle zu einer höher liegenden Quelle transportiert. Von dort pläschert es munter über einen Bachlauf zurück, reichert sich dabei mit Sauerstoff an und passiert Klärzonen, die ungefähr doppelt so groß sein sollten wie der Schwimmbereich. Sogenannte »Repositionspflanzen«, die man auch in Pflanzenkläranlagen verwendet, z. B. Schilf, Binsen, Seggen, Blumenbinsen oder Wasser-Schwertlilien, fischen dort Trüb- und Nährstoffe heraus. Einige von ihnen sind sogar in der Lage, Keime zu zerstören und organische Verbindungen abzubauen.

Das biologisch gereinigte Wasser gelangt anschließend in die Schwimmzone zurück. Hier zu baden, ist dann ein Vergnügen für die ganze Familie. Kopfsprünge vom selbstgebauten Steg (siehe Seite 48) gehören ebenso dazu wie Schwimmen, Bootfahren und Ausruhen an heißen Tagen. Ein Strand aus weichem Sand lädt dazu ein. Im Winter sind auf der vereisten Fläche sogar Schlittschuhfahren und Eisstockschießen (Curling) möglich.

Mit erheblichen Eigenleistungen entstand das hier gezeigte Badeparadies. Es liegt in einem entfernten Teil des Gartens und bietet den Eigentümern Erholung in ruhiger, entspannter Atmosphäre. Deshalb wurde ein Gartenhaus im Stil der Jahrhundertwende so eingerichtet, daß man sich dort umziehen, duschen, saunen und auch bei schlechtem Wetter die Freizeit verbringen kann. Ein Holzdeck vor der Tür aus naturbelassenem Eichenholz nimmt Tische und Stühle auf, bietet Platz zum Ruhen und verbindet das Haus mit dem umliegenden Garten.

So entsteht ein Badehäuschen

Genaue Planung ist wichtig – alle Einzelheiten wollen vorher durchdacht sein. Wie funktionieren Zu- und Ableitungen von Strom und Wasser? Welche Höhen und Tiefen, welches Gefälle ergeben sich daraus? Fotografisch wird festgehalten, wo Leitungen verlegt sind, wo die Zu- und Abflüsse verlaufen und wo Anschlüsse herausragen; denn nach Jahren wird es bei eventuell notwendigen Reparaturarbeiten schwerfallen, sich an Einzelheiten zu erinnern. Nach präzisem Einnivellieren liegen die Höhen und Positionen der einzelnen Bestandteile endgültig fest.

Ein Rahmen aus stabilen Kanthölzern kennzeichnet das Fundament. Auf den eingeebneten und verdichteten Sandboden folgt zunächst eine Schicht aus grobem Kies. Baustahlmatten stabilisieren das Ganze und sorgen dafür, daß die 10 cm dicke Schicht aus verdichtetem Fertigbeton in sich tragende Festigkeit erhält. Alle Leitungsenden werden provisorisch mit Styropor gegen Verletzungen geschützt.

Nach dem Aushärten der Bodenplatte kann das vorgefertigte Gartenhaus aus nordischem Kiefernholz aufgebaut werden. Mit Ringanker, Längs- und Querstreben ist es in sich tragfähig und könnte auf jeder Art von Fundament stehen. Wichtig ist eine Wärmedämmung zum Boden hin, z. B. durch Ausfüllen der Hohlräume mit Styroporkugeln oder Perlite, Glaswollmatten oder isolierenden Bodenplatten – jeder Hersteller hat hier sein eigenes System. Bitumenstreifen oder Folie fungieren als Dampfsperre, damit keine Feuchtigkeit vom Boden aus in die Konstruktion aufsteigen kann.

In Systembauweise vorgefertigte Ständer und Querstreben aus imprägniertem Holz bilden die tragenden Elemente. Auf den ersten Blick verwirrend wirkt die leicht gebogene Dachkonstruktion mit tragenden und verbindenden Elementen. Sie ist alten Vorbildern nachempfunden und beruht auf handwerklicher Tradition. Solche Art von Zimmermannsarbeit überfordert den Selbermacher, vielmehr verlangt sie ihren Meister.

Dachlatten in dichter Lage verleihen zusätzliche Stabilität. Holzschindeln aus kanadischer Rotzeder zeichnen sich durch einen angenehm warmen Farbton aus, der nach einiger Zeit einen silbrig-grauen Glanz annimmt. Wegen des hohen Gehalts an aromatischen Ölen konserviert sich dieses Holz selbst und braucht keine weitere Pflege. Das Verlegen der unterschiedlich großen Stücke erfordert allerdings viel Zeit. Metallschürzen überdecken

Genaue Vorplanung und exaktes Einnivellieren sind notwendig.

Innerhalb kurzer Zeit stehen Wände und das Dach aus vorgefertigten Elementen.

Oben:
Die Dämmatten verschwinden hinter einer Holzverschalung.

Der komplizierte Aufbau der gebogenen Dachkonstruktion erfordert Fachwissen.

Mit vorgefertigten Fenstern schließen sich die letzten Lücken.

Holzschindeln aus Rotzeder werden überlappend vernagelt.

Nach der Grundierung werden die Holzflächen zweimal deckend gestrichen.

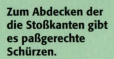

Zum Abdecken der die Stoßkanten gibt es paßgerechte Schürzen.

die Stoßkanten und dichten sie dauerhaft ab.
Bei Gartenhäusern mit reinem Sommerbetrieb kann man auf eine Wärmedämmung verzichten. Bei Ferienhäusern und spezieller Nutzung ist sie jedoch angebracht oder sogar vorgeschrieben. Nach dem Verblenden mit Holzpaneelen oder gehobeltem Profilholz mit Nut und Feder ist davon nichts mehr zu sehen.
Zierelemente, wie etwa bleigefaßte Blumenmotive nach eigenen oder vorgegebenen Motiven, Drechslerarbeiten und Ornamente, sind typisch für Gartenhäuser im englischen Stil. Dank größerer Nachfrage haben sich die Hersteller inzwischen darauf eingestellt. Die gelben Osterglocken, die das Haus im Frühling umgeben, wiederholen sich als Ziermotiv in den Isolierglasfenstern.
Zwei- bis dreimalige Anstriche mit ölhaltigen Holzfarben sorgen für dauerhaften Schutz. Der gewünschte Farbton läßt sich ganz nach Wunsch anfertigen. Dezente Farbtöne sehen nostalgisch aus und passen sich gut

der Umgebung an. Lebhafte Farben können das Bauwerk dagegen ins rechte Licht rücken und im Garten Akzente setzen.

Wie zaubert man kurzfristig und ohne allzu großen Aufwand wohlige Wärme herbei? Hier hat sich ein elektrischer Lufterhitzer bewährt. Mit nur 2 kW Leistung ist er kräftig genug, um dieses Gartenhaus zu heizen. Eine Frostwächter-Einstellung ist heute Standard und verhindert das Einfrieren, ohne den Geldbeutel übermäßig zu belasten.

Nostalgische Blumenmotive aus Glas erinnern an Großmutters Zeiten.

Simpel, aber wirkungsvoll: ein Lufterhitzer bringt schnell mollige Temperaturen.

Ein selbstgebauter Steg

Ein Steg im Teich ist nicht nur dekorativ. Er verlockt zum Sonnen, zum gefahrlosen Einstieg und im Badeteich sogar zu Kopfsprüngen ins kühle, tiefe Naß. Bau und Verankerung auf der empfindlichen Teichfolie sind weit weniger kompliziert als gewöhnlich angenommen.

Für den abgebildeten Steg wurden benötigt: 2 Kanthölzer (10 x 14 cm), Länge 450 cm, 35 Stück Kiefernbretter, geriffelt, 12 x 2,5 cm, Länge 100 cm, 6 Kanthölzer 10 x 10 cm, Länge 80 cm, alle kesseldruckimprägniert. Ferner ca. 150 Stück verzinkte Kreuzschlitz-Holzschrauben,

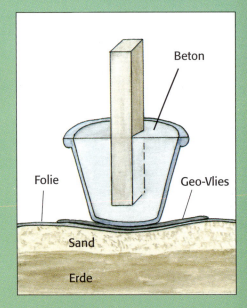

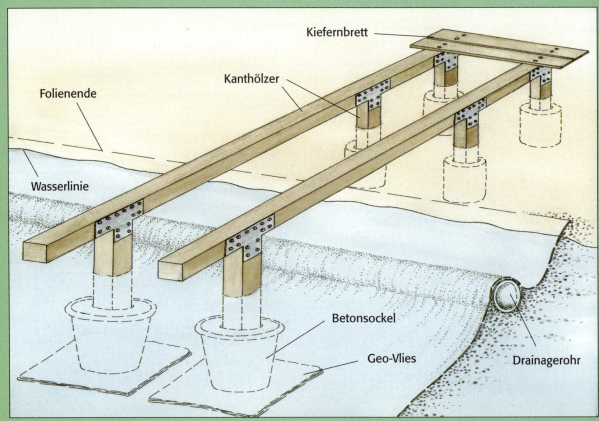

Länge 4 x 70 mm, 6 Winkeleckverbindungen, verzinkt. 2 Plastik-Maurereimer, 8 Liter Inhalt.
Zunächst erstellt man den Unterbau aus 4 Kanthölzern mit 10 x 10 cm. Sie werden im parallelen Abstand von 80 cm in genügender Tiefe eingegraben, in verdichtetem Boden (alternativ Magerbeton 1: 6) und waagerecht ausgerichtet. Im nächsten Schritt werden als tragende Balken die 2 Kanthölzer mit Winkeleckverbindungen verschraubt. Halt bekommt die Konstruktion durch die restlichen beiden Pfosten. Zunächst werden sie in Maurereimern aus Weichplastik einbetoniert, danach auf der Teichfolie abgesetzt und erst zum Schluß passend gekürzt und mit der Tragekonstruktion durch schräg eingepaßte Kanthölzer und Winkel verbunden. Eine mehrfache Lage aus weichem Geo-Vlies unter dem Eimer schützt die Folie und gleicht letzte Höhenunterschiede aus. Nun folgt die Bretterlage, wobei verzinkte Schrauben in vorgebohrten Löchern die Verbindung herstellen.

Wichtig sind jeweils 3 – 4 mm Abstand zwischen den Brettern, damit das Holz atmen und abtrocknen kann. Für ungetrübten Badespaß sollten Sie auf geriffelte Oberflächen (wegen der Rutschgefahr) und ausreichende Dicke der Bretter achten.

Rasch sind die Bretter für den Steg montiert.

Fertig ist der Steg – der Badespaß kann beginnen.

Ein Holzdeck als wetterfestes Terrassenpodest

Eine Terrasse aus dem Naturbaustoff Holz sieht nicht nur gut aus, sie ist auch praktisch. Die ebene Fläche bietet einen sauberen Zugang zum Haus und Platz zum Sonnen, zum Aufstellen von Liegestühlen, Tisch und Stühlen. Damit all dies bequem Platz findet, sind wenigstens 250 cm (besser 300 cm) Breite und eine Länge von 400 cm empfehlenswert. Das abgebildete Holzdeck entstand aus naturbelassenem, stabilem, dauerhaftem Eichenholz. Alternativen sind kesseldruckimprägnierte Kiefern- oder Fichtenhölzer, wobei die Oberflächen der Profilbretter auch hier nicht glatt, sondern geriffelt sein sollten.

Die Konstruktion in den Abmessungen 250 x 435 cm wurde aus Kanthölzern und Pfosten (12 x 12 cm) gefertigt, die Trittfläche aus gehobelten, gefasten Tischlerbrettern den Maßen 13 x 3,5 x 150 cm. Zunächst entsteht der tragende Unterbau aus 7 im Erdreich abgestützten Pfosten und darüber gelegten Kanthölzern. Der Abstand beträgt 55 cm. Zum Schluß wird mit einer vorgesetzten Sichtblende als Ringanker die nötige Stabilität erzielt. Genaues Arbeiten mit der Wasserwaage ist unbedingt wichtig. Die Verbindungen zwischen den Kanthölzern können sowohl nach alter Handwerkerart mit Zapfenverbindungen

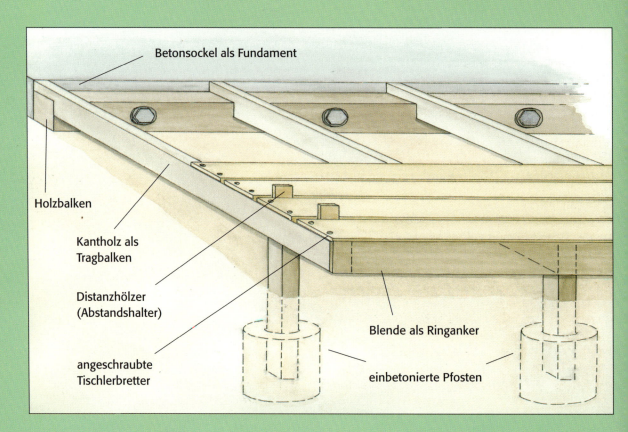

Die Kanthölzer können auch von oben am Fundament verschraubt werden.

Das stufenförmige Holzdeck führt zum kleinen Sandstrand am Badeteich.

schraubenlos erfolgen als auch mit Winkelecken und verzinkten Schrauben. Mit 14er Dübeln und Vierkant-Schloß-Schrauben erfolgt eine feste Verbindung der Konstruktion mit dem Fundament des Hauses. Quer zum Rahmen und mit gleichbleibendem Abstand werden nun die Fußbodenbretter in vorgebohrte Löcher geschraubt. Als Abstandshalter ist ein Zollstockschenkel gut geeignet. Etwas Fett in die Bohrlöcher geben, und schon dringen die Schrauben viel leichter ein!

Damit sich das Holz nicht verziehen kann, kommt es auf stabile Verbindungen an. Eichenholz arbeitet besonders stark. Durch 2–3 mm tiefes Einfräsen rechts und links vom rückseitigen Bretterrand schaltet man die Bewegung nachhaltig aus.

BAUMATERIAL HOLZ

Hölzer und Holzschutz

Holz ist schön und natürlich - aber pflegeaufwendig. Doch gibt es in den Eigenschaften und im Pflegebedarf je nach Holzart große Unterschiede.

Rotzeder ist ein beliebtes, widerstandsfähiges Holz für Gartenhäuser und Pavillons.

- **Rotzeder,** oft Western Red Cedar oder schlicht Zeder genannt, stammt nicht wie die Echte oder Libanon-Zeder (*Cedrus libani*) aus dem Libanon. Vielmehr handelt es sich um *Thuja plicata*, eine Lebensbaum-Art, die an der Pazifikküste Amerikas von Kalifornien bis Alaska in riesigen Exemplaren wächst. Durch seine natürlichen, öligen Inhaltsstoffe (Thujaplicine) schützt sich dieses edle Holz selbst und braucht keinen zusätzlichen Anstrich. Pfosten daraus werden jedoch auf Pfostenanker gesetzt, um direkten Erdkontakt zu vermeiden. Seine rötliche Färbung wandelt sich – ähnlich wie bei Teak – allmählich in ein silbriges Grau. Wer die ursprüngliche Farbe erhalten möchte, streicht das Holz mit einer Lasur.
- **Kiefer** stammt meistens aus langsam wachsenden, nordischen Beständen und ist daher fester und dauerhafter als Kiefernholz aus unseren Wäldern.

Vorgefertigtes Bauholz ist heute von vornherein kesseldruckimprägniert. Dabei dringen chromfreie Salze von allen Seiten in das Innere des Holzes ein und schützen es langfristig gegen Pilzbefall (ca. 30 Jahre). Man kann solches Kiefernholz auf ein drainierendes Kiesbett stellen und dann ohne weiteres eingraben. Fallen nachträglich Sägearbeiten an, sollte man die Schnittstellen jedoch mit Holzschutzmittel nachimprägnieren. Eine Lasur erhält auch hier die ursprüngliche Farbe. Bis zu drei Anstriche sind nötig, wobei man eine ölhaltige, pflanzenunschädliche Lasur verwenden sollte. Sie schützt weitgehend gegen Pilzbefall und Insekten. Dennoch trocknet das Holz schnell aus und muß alle zwei Jahre erneut gestrichen werden. Für farbige Anstriche haben sich ölhaltige Farben (z. B. Osmocolor-Landhausfarbe) bewährt. Man kann sie

BAUMATERIAL HOLZ

Kiefernholz aus nordischen Wäldern wird häufig für Zaunsysteme benutzt.

mit Bürste und Wasser säubern und ohne Abschleifen überstreichen.
- **Fichte** wird vielfach für Sichtschutzwände und Rankelemente verwendet. Dieses weiche Holz verhält sich ähnlich wie Kiefer.
- **Eiche** ist sehr dauerhaft und kann Jahrhunderte überstehen, wenn von überall Luft an das Holz heran kann. Kesseldruckimprägnierung ist daher nicht gebräuchlich. Nach einiger Zeit nimmt Eichenholz eine schöne silbergraue Farbe an. Nachteilig sind sein hohes Gewicht und das starke Arbeiten – es quillt im Winter und zieht sich im Sommer zusammen. Gegen Verwinden werden Bretter nur verschraubt, nicht genagelt, und von unten her angefräst. Eiche wird im Garten zur Zeit relativ wenig verwendet, was auch auf den Kostenfaktor zurückzuführen ist. Wo es anfällt, kann man daraus schöne, ausdrucksvolle Dichtzäune, Pergolen und Holzdecks erstellen. Bei der Verwendung ist zu beachten, daß das harte Eichenholz zum Splittern neigt. Deshalb müssen die Kanten gebrochen und Belagflächen nochmals geschliffen werden. Achten Sie beim Verarbeiten auf die Verwendung verzinkter oder Edelstahlschrauben! Andere Metalle können mit der reichlich vorhandenen Gerbsäure reagieren und häßliche Spuren hinterlassen.
- **Lärche** stammt aus heimischen Wäldern, arbeitet wenig und hält mit entsprechenden Anstrichen sehr lange. Allerdings sollte es minde-

BAUMATERIAL HOLZ

stens zwei Jahre lang abgelagert sein. Nach einer Grundierung müssen Sie daher mit dem endgültigen Anstrich warten, bis das meist frische Holz vollständig ausgehärtet hat. Lärchenholz wird gerne für Pavillons und Wintergartenkonstruktionen verwendet. Es läßt sich leicht und präzise verabeiten.

- **Teak** stammt überwiegend aus Java oder Borneo, wo es schon lange in Plantagen gezogen und bewirtschaftet wird. »Indian Oak«, wie der in der Jugend außerordentlich raschwüchige Baum auf Englisch auch heißt, ist der wichtigste Nutzholzbaum der Monsungebiete. Er wird in ausgedehnten Forsten gezogen und schon lange nicht mehr Wildbeständen entnommen. Mit dem purpurroten Saft der Blätter kann man Stoffe färben. Blätter, Blüten und die Rinde sind Ausgangsstoffe für Heilmittel. Die großen Blätter werden in Südostasien, vor allem in Thailand, zum Dachdecken verwendet.

Die hervorragenden Eigenschaften des Teakholzes haben vor allem die Engländer beim Bau von Segelschiffen erkannt, ebenso beim Bau von Möbeln, für Decken- und Wandverkleidungen und bei der Herstellung von Hausgeräten. Man kann es gut schnitzen und mit Geräten bearbeiten. Sein Holz ist kieselsäure- und ölhaltig, hellbraun mit edlem, dunklerem Kern und verfügt in frischem Zustand über einen würzigen Geruch. Es ist termitenfest und resistent gegenüber Insekten- und Pilzbefall, was Teak auch für unsere Breiten so wertvoll macht. Das Holz verzieht sich nicht und bleibt jahrzehntelang haltbar – eine zunächst teure Investition, die sich längerfristig aber lohnt. Im Garten wird es für robuste, edle Sitzmöbel verwendet, die Sommer wie Winter draußen bleiben können, vor allem für Tische, Bänke, Sitzbänke, Deckchairs, Truhen und Hocker. Auch für die Konstruktion von hölzernen Lauben, Pergolen oder anspruchsvollen Rankgittern wird bisweilen Teak verwendet. Sein hoher Preis verbietet aber zumindest zur Zeit eine denkbare, noch größere Anwendungsbreite.

TIP Neu sehen Teakmöbel besonders edel aus, doch hält diese Pracht ohne Behandlung nicht lange. Wer die schöne braune Farbe des Teakholzes erhalten möchte, ölt die Möbel mit Teaköl ein (kein anderes!) und wiederholt diese Prozedur alljährlich. Es empfiehlt sich auch, die Möbel den Winter über vor Regen zu schützen. Bleibt Teakholz unbehandelt, nimmt es bald eine silbergraue Patina an, die jedoch von vielen geschätzt wird.

Schnee und Eis machen den gewichtigen Teakmöbeln nichts aus.

55

GARTENMÖBEL

Gartenmöbel und Sonnenschirme

Das Gartenjahr bietet viele schöne Stunden. Sobald die Sonne lacht, lädt ein lauschiger Sitzplatz zum Verweilen ein. Als Ort zum Genießen, für gesellige Gespräche und für die Mahlzeiten im Grünen. Robuste Gartenmöbel gehören dazu.

Gartenmöbel sollen Wind und Wetter vertragen und gefällig aussehen. Schließlich schaut man auch im Winter gerne durchs Fenster nach draußen, wenn Schneehauben sich dekorativ auf Sträuchern, Mauern und Mobiliar wölben. Stühle und Bänke sollten durch Material, Form und Farbe außerdem Akzente setzen. Vor allem aber sollen sie bequem sein – wer wird da nicht gerne Probesitzen unter einem schattigen Baum? Die verschiedenen Materialien haben jeweils ihre eigenen Vorzüge.

- **Kunststoffmöbel** sind robust, wiegen wenig, lassen sich meist gut stapeln und platzsparend unterbringen. Sie trotzen jeder Witterung und eigentlich gibt es an ihnen nicht viel auszusetzen. Dennoch – immer mehr Gartenmöbel aus Holz oder Metall laufen ihnen den Rang ab. Ihre Kinderkrankheiten haben diese längst hinter sich gelassen. Außerdem sind natürliche Stoffe gefragter denn je und durchaus erschwinglich.
- **Teakmöbel** sind bequem, oft edel im Design und damit an sich schon Gartenattraktionen, die jedem Sitzplatz zur Ehre gereichen. Dies allein erklärt noch nicht ihre zunehmende Präsenz im Garten. Ihr Gebrauchswert ist hoch, denn Teakholz ist robust, stabil und besonders haltbar (Siehe Seite 54f.). Teakmöbel können immer draußen bleiben (ein

GARTENMÖBEL

Glück, denn ihr Gewicht läßt kaum etwas anderes zu) und nehmen dabei mit den Jahren eine silbriggraue Patina an. Allerdings ist das allmähliche Veralgen der Oberfläche kein Genuß beim Sitzen. Alljährliches Bürsten der Oberflächen mit warmem Seifenwasser ist daher im Herbst und nach dem Winter angebracht. Man kann auch einen Hochdruckreiniger mit sanfter Wasserdosierung und flacher Düse verwenden.

- **Kiefern- und Fichtenholzmöbel** fallen dagegen stark ab. Möbel aus Kiefer und Fichte sind zwar deutlich leichter als solche aus Teak, müssen aber ein- bis zweimal jährlich mit ei-

Schwungvolle Sonnensegel zaubern gute Laune herbei.

GARTENMÖBEL

Der Abend verlockt zum Ausruhen auf der geschnitzten Bank.

Die robusten Stühle und Tische aus Plantagenteak bleiben Sommer wie Winter im Freien.

ner schützenden Lasur behandelt werden. Dennoch ist ihre Lebensdauer auch bei guter Pflege begrenzt.

- **Schmiedeeisen** eignet sich hervorragend zur Verarbeitung in eleganten, geschwungenen und verschnörkelten Formen. Die daraus hergestellten Möbel sowie Gitter, Pflanzenetageren und Ampeln halten Wind und Wetter aus. Nur gute, auch kunststoffummantelte Qualitäten sind feuerverzinkt und zusätzlich lackiert und somit ausreichend gegen Rost geschützt.
- **Loom-Möbel** können den Sommer über im Freien bleiben. Sie brauchen im Winter jedoch ein Dach über den Kopf. Zur Herstellung wird fest gedrehtes und geleimtes, kräftiges Pa-

GARTENMÖBEL

Praktisch sind Klappmöbel aus pflegeleichtem Segeltuch.

Nur an schönen Tagen dürfen die leichten Sessel und Hocker aus Rattan nach draußen.

pier mit einem Kern aus Aluminiumdraht verwendet; zusätzlich für den Aufenthalt im Garten wird das Material mit Polyesterlack behandelt. Regen und Tau machen ihm daher nichts aus. Das Geflecht wird in speziellen Verfahren auf einem stabilen Metall- oder Aluminiumgestell befestigt. Ein weiterer Vorteil der sehr bequemen Sessel oder Tische aus Loom ist ihr geringes Gewicht, die nahtlose Verarbeitung (keine Laufmaschen!) und die lange Haltbarkeit.

- **Rattanmöbel** werden aus den bis über 150 Meter langen, faserigen Stengeln der Rattan- oder Rotangpalmen geflochten, die als Kletterpflanzen z. B. auf Borneo wachsen.

GARTENMÖBEL

Gute Laune ist hier angesagt. Stimmungsvolle Sitzmöbel aus Schmiedeeisen.

Die leichten Loom-Möbel vertragen sogar den Regen.

Man kann sie im Wintergarten und kurzzeitig auch im Freien verwenden. Bei längerem Regen dunkelt die Farbe nach.

- **Korbmöbel** aus leichtem Weidenholz sind deutlich gröber in der Verarbeitung als solche aus Rattan. Kurzfristig können sie im Freien bleiben, den Winter über jedoch nicht.
- **Hängematten** gelten als Inbegriff von Ferienstimmung und heiterer, entspannter Erholung. Sich leicht im Wind zu wiegen, den ziehenden Wolken nachzuschauen und dabei ein Buch zu lesen – das können unvergeßliche Erlebnisse sein. In der Regel wird die luftige Hängematte zwischen zwei Bäumen befestigt und bie-

GARTENMÖBEL

tet Platz für eine Person. Komfortabler sind tragbare Konstruktionen, die ohne weitere Arbeit an beliebiger Stelle Platz finden können. Mit stabilem Rahmen versehen, gibt es auch Hängematten für zwei Personen.

- **Sonnenschirme:** Achten Sie beim Kauf besonders auf stabile, gewichtige Bodenplatten, damit der Schirm nicht davonfliegt, sowie auf einen soliden, nicht allzu komplizierten Zugmechanismus. Sonnenschirme gibt es in runder, viereckiger und rechteckiger Form. Um eine Sitzgruppe bequem beschatten (und vor Regenschauern schützen) zu können, braucht man einen Schirmdurchmesser von ca. 3,50 bis 4 Metern. Der Schirm darf daher nicht zu klein sein, sonst verfehlt er seine Wirkung. Manche Tische verfügen über eine Vorrichtung zum Durchstecken des Schirmständers – eine in jeder Hinsicht ideale Lösung. Viel häufiger jedoch sind die Möbel bereits vorhanden, zu denen der Schirm passen soll. Dann ist zu überlegen, ob man nicht ein Modell wählt, das überhängend die Sitzgruppe überdacht. Der Ständer steht dabei außerhalb und stört die fröhliche Runde nicht. Außerdem kann der Schirm dann kleiner ausfallen oder einer rechteckigen Sitzgruppe angepaßt sein. Schirme und Partyzelte sind mit weißem oder farbigem Acrylstoff bespannt. Auch impräg-

Metallmöbel gewinnen durch schöne Auflagen. Ansonsten sind sie pflegeleicht.

GARTENMÖBEL

Helles Segeltuch als schattierende Bespannung auf der Terrasse.

nierte Nesselstoffe, teils kunststoffbeschichtet und schmutzabweisend, gibt es im Handel.

- **Segeltuch** ist als hervorragendes und stabiles Material bekannt für leichte Gartenmöbel und als Bespannung für Zelte und Pergolen. Auf jeden Fall sollten die Stoffe immer abtrocknen können und den Winter geschützt im Haus verbringen.
- Dies gilt auch für **Kissen und Liegenauflagen** aus Leinen, Dralon oder Baumwollstoffen. Regen bringt sie bald um ihre Schönheit.
- **Sonnensegel** sind eine herrliche und phantasievolle Alternative zu Schirmen und Markisen. Man kann mit ihnen für luftigen Schatten sorgen, kurzfristig fürs Gartenfest Sitzplätze überdachen und vor allem dauerhaft fröhliche Stimmung verbreiten. Die leichten Konstruktionen bestehen aus den Stützen aus Metall oder Holz, in den Boden geschlagenen Pflöcken (Häringen), Seilen, Zugankern, Seilspannern und dem zugeschnittenen Segel selbst. Je nach dem beabsichtigten Zweck wird es aus verwitterungsfesten Acrylstoffen

GARTENMÖBEL

oder Segeltuch genäht, mit verstärkten Rändern und Ösen oder Schlaufen an den Enden. Der Stoff kann wasserdicht sein oder angenehm luftig, wenn er nur zum Schattieren dient. Sonnensegel sind schnell aufgestellt und wieder abgebaut. Ihr Reiz besteht in der schwungvollen Form, die gerade Linien auflockern kann und sowohl zu lockerer Bepflanzung und Naturwiesen als auch zu gepflegtem Rasen paßt. Sonnensegel gibt es fertig zu kaufen, man kann sie aber auch nach eigenen Maßen fertigen lassen.

- **Zelte** sind transportable Konstruktionen aus Stützpfosten, Zugankern und Seilspannern sowie Häringen, die im Boden verankert werden. Zum Sonnen- und Regenschutz kommt hier die intime Atmosphäre, die den Aufenthalt darunter so angenehm macht. In der Regel kann man die Seitenwände schließen und erhält so ein schnell errichtetes, temporäres Gartenhaus für Feste und den gelegentlichen Aufenthalt, bei dem Wind und Regen draußen bleiben.

Schilf (Reet) fügt sich wie selbstverständlich in jeden Garten.

Der rechteckige Sonnenschirm schwebt an einer seitlichen Aufhängung.

BELEUCHTUNG

Zauberhafte Stimmung durch Beleuchtung

Aladins Wunderlampe ist nichts gegen eine gelungene Ausleuchtung des abendlichen Gartens. Sie können schon mit einigen Strahlern erstaunliche Akzente setzen und werden staunen, welch dramatische oder stimmungsvolle Effekte Licht im Garten zaubern kann.

Wer im Lichtkegel sitzt, sieht ringsum nur Dunkelheit. Traumhafte Abende aber sind garantiert, wenn Strahler von unten her in die Baumkronen scheinen, Büsche geheimnisvoll von innen her leuchten oder ein Wasserspiel durch das sanfte Licht von Unterwasserscheinwerfern hervorgehoben wird. Licht und Schatten schmeicheln den Pflanzen.

Dies alles muß keineswegs kitschig wirken, sondern kann, geschickt und maßvoll eingesetzt, idyllische, manchmal auch theatralische Stimmungen zaubern. Reizvoll setzen sich Mini-Lichterketten in niedrigen Bäumen und Sträuchern wie ein Schwarm Glühwürmchen in Szene oder dienen als zusätzliche Lichtquelle in der Pergola. Gräser, am Tage oft unscheinbar, wandeln sich – von unten angeleuchtet – zu feenhaft grazilen Gebilden. Auch der Perückenstrauch (*Cotinus coggygria*) entfaltet mit seinen wuscheligen Blüten- und Fruchtständen ungeahnte Qualitäten.

Doch die Beleuchtung dient auch der Sicherheit auf Wegen und Treppen. Ohne Licht ist der Garten mit seinen Sitzplätzen unzugänglich und weitgehend tot in den Herbst- und Wintermonaten mit langer Dunkelheit. Licht bringt selbst in dieser kalten Jahreszeit noch Stimmung. Es verlockt zum Hinaussehen und holt umgekehrt abends den Garten ins Haus herein.

Wer vorausschauend wetterfeste Außensteckdosen verlegt hat, ist bei abendlichen Parties gut dran. Elektroarbeiten sollte jedoch ein Fachmann durchführen und die Kabel in stabilen Leerrohren unterbringen, damit sie beim Graben nicht beschädigt werden können. Von diesen Stützpunkten aus kann man im Bedarfsfall schnell mobile Flutlichtstrahler oder Halogenleuchten mit Erdspießen anschließen. Wetterfest sollten sie jedoch sein, sonst leidet die Pracht schon beim ersten Wassertropfen. Zur Selbstmontage gibt es Niedervoltanlagen im Set. Ein je nach Wunsch 30, 50 oder 100 Watt starker Trafo senkt die Netzspannung von 230 Volt auf ungefährliche 12 Volt. An ihn können Sie mehrere Strahler-, Kugel- oder

**Linke Seite:
Die Gäste werden schon erwartet. Stimmungsvolle Beleuchtung gehört dazu.**

Mit sanftem Licht erhellt die bronzene Selene an schattiger Stelle den Weg.

BELEUCHTUNG

Geheimnisvoll und theatralisch wirkt ein Garten bei abendlicher Beleuchtung.

Licht, das man gerne näher betrachtet. Bleikristall und eingeschmolzenes Metall bringen ungewöhnliche Schleier und Fontänen hervor.

Pilzleuchten anschließen. Eine Schaltuhr mit Infrarot-Dämmerungssensor bestimmt die jeweilige Brennzeit. Was leuchtet, heißt in der Fachsprache Lampen, worin diese hineingeschraubt oder -gesteckt werden, dagegen Leuchten. Der Unterschied ist zwar nicht jedem auf Anhieb klar, aber wichtig. Halogen-Hochvolt- und -Niedervoltlampen bringen hohe Ausbeute bei geringem Stromverbrauch, Glüh-lampen sind die einfachste Lösung, Flutlichtstrahlerlampen verteilen das Licht angenehm. Alle sind geeignet für den Einsatz im Freien, entsprechend abgedichtete und gesicherte Leuchten oder Strahler vorausgesetzt.

Es gerät mitunter zur Wissenschaft, aus dem Angebot die Modelle herauszufinden, die zum Stil des Gartens passen. Die Geschmäcker scheiden sich, wenn man sich für eine stimmungsvolle Laterne aus Eisen, Kupfer oder Aluminiumguß entscheiden soll, für eine hüb-

BELEUCHTUNG

sche Figur aus Bronze oder für eine rein funktionale Leuchte aus Kunststoff und Glas. Auch diese kann formschön sein und dennoch ihren Zweck erfüllen. Sinnvoll sind immer Bewegungssensoren, die beim Herannahen selbsttätig die Anlage ein- und später wieder ausschalten. Gartenleuchten sollen ihr Licht wie selbstverständlich abgeben, Akzente setzen und Stimmung schaffen. Vor allem dürfen sie nicht unangenehm blenden, sonst werden sie zum Sicherheitsrisiko. Als Blendschutz dienen lamellenartige oder pilzförmige Schirme, die ihr Licht nach unten abstrahlen.

Mit Wandspots kann man das Licht von oben oder von der Seite her einfallen lassen und Sitzplätze und Wege ausleuchten, ohne daß sich der Besucher gestört fühlt. Glasklare Kugeln geben ihr Licht rundum nach allen Seiten ab. Sind sie mattiert, fällt die Lichtausbeute geringer, aber stimmungsvoller aus. Einen zwischen beiden liegenden Effekt können Sie schon dadurch erzielen, daß Sie eine Glüh-lampe mit mattiertem Kolben einschrauben. Zylinderleuchten lassen sich durch einen aufsetzbaren Schirm auf einen gezielten Bereich einstellen – hier können auch Energiesparlampen Verwendung finden. Wegleuchten werden in Bodennähe montiert – sie sollen nur dezent für Sicherheit sorgen. Ganz anders dagegen Spots und Strahler, die einzelne Pflanzen, Beete oder Bäume theatralisch hervorheben.

Wichtig: Trafos müssen wegen Überhitzungsgefahr durch die Sonne an einer schattigen Stelle plaziert werden. Leuchten nie manipulieren – Lebensgefahr! Bei allen Montagearbeiten den Netzstecker ziehen!

Solarleuchten kennen solche Probleme nicht. Sie speichern tagsüber Energie und geben sie abends wieder ab. Ihr Nachteil: die Leistung ist begrenzt.

Festliche Beleuchtung für die Gartenparty. Die Holzleuchten passen zum System.

ACCESOIRES

Wohnlich wird ein Garten durch Accessoires

Ein Garten kann noch so gekonnt und pflegeleicht angelegt sein, ohne eine persönliche Note der Bewohner wird er seelenlos bleiben. Erst die gewisse Unordnung durch allerhand Schnickschnack, Mitbringsel und Selbstgezogenes in Töpfen und Schalen verleihen ihm den individuellen Charme.

Ein Mittelmeergarten mit Kübelpflanzen in winterfester Terrakotta.

Ideen von einem Ausstellungsbesuch, Anregungen aus dem Gartencenter, wucherndes Topfgartengrün in Thaikeramik- oder Terrakottagefässen, niemals einzeln, sondern malerisch in Gruppen zusammengestellt, nostalgische und witzige Accessoires – dies alles belebt und verzaubert die Gartenräume und schafft die gewünschte Stimmung, genau wie in einer Wohnung.

ACCESOIRES

In Gartencentern, im Möbelhaus und auf Märkten lockt ein breites Angebot an Gartenaccessoires, bei dem man stets auf Überraschungen stößt. Ob exotisch bunt, preisgünstig und aus fernen Ländern stammend oder wertvoll und dauerhaft aus edler Bronze, für jeden Geschmack ist gesorgt. Gerade in kleinen Gärten ist es wichtig, daß der Blick auf Einzelheiten gelenkt wird. Hier kommt es dann auf schöne Pflanzen in ausdrucksvollen Gefäßen und auf das gewisse Etwas an, auf einen Blickfang, der die Aufmerksamkeit auf sich zieht. Eine klassisch schöne Figur zum Beispiel sieht man immer wieder gerne an, besonders eine in Lebensgröße. Es kann auch ein Wasserspiel sein oder ein lebensecht gestaltetes Tier, das der Uferbepflanzung den letzten Pfiff gibt. Das alles muß nicht teuer sein, sogar dann nicht, wenn es sich um Edelmetall wie Bronze handelt.

Wertvolle Kunstwerke kann man sich für einige Tage ausleihen – versierte Händler haben Verständnis dafür. Räumen sie dann die Figur wieder weg und urteilen Sie! Oft genug wird erst dadurch klar, was einem Garten zur Vollendung fehlt. Passend wirken z. B. Graureiher am Gartenteich, Singvögel als Hingucker am Sitzplatz und hübsche Vogeltränken, die einen Anreiz für echte gefiederte Besucher bieten. Figuren nach antiken Vorbildern zieren Wintergärten und Terrassen oder bilden den Mittelpunkt in kleinen Themengärten. Im Garten sollten Accessoires möglichst einen Bezug zur Umgebung haben oder eine praktische Funktion erfüllen, z. B. als Wasserspiel, Säule, Pflanzgefäß oder Sonnenuhr; oder aber sie besitzen einen ideellen Wert als exquisiter Blickfang.

Die Schnecke ist das ganze Jahr über aktuell – mit wechselnder Bepflanzung.

In schöner Keramik kommen Stauden und Kräuter optimal zur Geltung. Gefäße für draußen sollten frostbeständig sein.

ACCESSOIRES

Ein origineller Blätterwald aus patiniertem Messing.

Der chinesische Angler am Bach ist erfolgreich gewesen.

TIP Alt oder neu, sauber oder »angegammelt« – da scheiden sich die Geister. Grüngraue Patina, Moos und Algen zeichnen in England den passionierten Sammler aus. Er wird neue Terrakotta sofort mit Joghurt oder Quark einreiben, damit sie in kürzester Zeit uralt aussieht. Ganz anders sieht das mancher Gartenfreund hierzulande: Was alt aussieht, wirkt für ihn schmutzig und heruntergekommen. Wenn auf älteren Terrakotten Kalkausblühungen wuchern, kann man sie für eine Woche in den Gartenteich legen. Danach werden sie durch leichtes Abbürsten wieder wie neu.

ACCESSOIRES

Die Sphinx nach antiken Vorbildern ist schon ganz von Efeublättern umhüllt.

Trautes Tête-à-Tête am Wasser, von blauer Säckelblume (*Cyanothus*) umgeben.

SICHTSCHUTZWÄNDE

Mit Sichtschutzwänden ganz privat

Wenn es sie nicht schon gäbe, müßte man sie sofort erfinden. Je kleiner das Grundstück, desto wichtiger wird es, die Privatsphäre zu wahren, denn gute Nachbarschaft setzt auch ausreichend Rückzugsmöglichkeiten voraus.

Auch für viele Sitzplätze in größeren Gärten kommen die mehr oder weniger durchlässigen Wände wie gerufen. Sie grenzen ab, schließen neugierige Blicke aus, sind aber so mit durchlässigen Rankgittern in gefälligen Mustern zu kombinieren, daß man sie nicht unbedingt als massive Wand empfindet. Sie brauchen dazu ein Minimum an Platz und lassen sich mit zwei Personen in kurzer Zeit montieren.

Die große Nachfrage hat inzwischen die Preise gesenkt – einfache Versionen kann man schon für wenig Geld kaufen. Freilich hat man an etwas teureren, dafür aber stabileren Produkten länger Freude.

- Sichtschutzwände (Sichtschutzblenden) sind im Gegensatz zum prinzipiell ähnlichen Zaun ca. 180 cm hoch und breit und in einem stabilen Rahmen gearbeitet. Man kann sie mit dem Fuchsschwanz kürzen und so jedes gewünschte Maß selbst herstellen. Die Auswahl wird meist nach dem Grad der gewünschten Abschottung getroffen.

- Dichtzäune aus Rotzeder natur, mit Nut und Feder ineinandergefügt, oder mit überlappend angeordneten Leisten und dann meist aus druckimprägniertem Kiefern- oder Fichtenholz, sind absolut dicht. Eine solche Wand bietet naturgemäß auch optimalen Schutz gegen Wind. Die Verarbeitung kann höchst unterschiedlich sein. Prüfen Sie daher vor dem Kauf, was Sie erwartet.

- Flechtzäune werden dagegen aus dünneren, biegsamen Holzlamellen gefertigt und gegeneinander verflochten. Sie sind durchlässiger, bieten aber auch den Pflanzen mehr Gelegenheit, sich festzukrallen und die Fläche zu erobern. Ihre Vorbilder kann man in ländlichen Gegenden gut beobachten.

- Weiden- oder Haselnußgeflechte, selbstgemacht, sehen rustikal und sehr natürlich aus. Man steckt kräftige Äste als tragende Konstruktion im Abstand von 15–20 cm in den

Keineswegs langweilig sehen die vorgefertigten Wände aus. Rankgitter bieten Halt für Kletterpflanzen.

SICHTSCHUTZWÄNDE

Bergreben (*Clematis montana* 'Rubens') und Blauregen durchziehen die Ritzen des Flechtzaunes.

Es wird nur 2-3 Jahre dauern, dann haben sich diese lockeren Wände in grüne Lauben verwandelt.

Boden und verbindet sie mit quergeflochtenen, dünnen Ruten. Dabei wird von unten nach oben gearbeitet. Mitunter hatten die verwendeten Ruten keine Zeit, um abzutrocknen. Dann kann es sein, daß sie bald Wurzeln schlagen und die angelegten Knospen ausschlagen - eine lebendige, grüne Wand entsteht, die man anschließend durch Schnitt im Zaum halten muß.

- **Bambuswände** erweisen sich als besonders dauerhaft und stabil. Das fernöstliche Baumaterial hat seine Qualitäten längst bewiesen, kann – muß aber nicht – lackiert werden und sieht mit seiner hellgelben, spä-

73

SICHTSCHUTZWÄNDE

Gitterwände aus Holz bieten viel Platz für Kletterpflanzen.

ter grauen Farbe freundlich aus. Bambus ist relativ schwer. Man kann die Stangen nageln und in vorgebohrten Löchern auch schrauben. Wer es einmal probiert hat, weiß, daß dies mühsam ist. Leichter lassen sich die Stangen kreuzweise geflochten verbinden. Besonders gut paßt solch eine Wand- oder Zaunkonstruktion als Hintergrund zu Gräsern und, natürlich, Bambus.

- **Gitterwände** gibt es aus Metall und aus Holz. Die metallenen Gitter sind meist aus feuerverzinktem Eisen oder verschweißtem Drahtflechtwerk gearbeitet. Dauerhaft haltbar eingefärbt, stehen sie für die verschiedensten Zwecke zur Verfügung.

Weitaus häufiger sind jedoch die Gitterwände aus Holz in den verschiedensten Mustern. Die Klassiker, an denen man sich auch nach längerer Zeit kaum sattsieht, sind Formen in rustikalen Quadraten oder mehr oder weniger zierlich wirkenden Rauten. Auch Schrägen, Bögen und allerhand aufgesetzte Zierelemente erfreuen sich großer Beliebtheit. Zusätzlichen Effekt bringen verschiedene Farben: strahlendes Weiß, rustikales Blau, poppiges Rosa, Grün oder andere Töne.

Die Pfosten für die Gitterwände werden in verschiedenen Normlängen und meist mit 9 x 9 cm Breite angeboten. Zwei davon mit etwas Abstand für die schraubbaren Halterungen ergeben mit

SICHTSCHUTZWÄNDE

dem Rahmenelement das Standardmaß von 2 Metern. Von einem gerundeten Pfostenkopf kann der Regen besser ablaufen als von einem geraden.

Die Hersteller von druckimprägniertem Holz sind stolz darauf, daß man die Pfosten ohne Beton in einem 90 cm tiefen Loch auf eine Lage Kies als Drainage setzen kann und bereits nach dem Einfluchten genügend Stabilität erhält. Wenn diese Tiefe, z. B. auf steinigem Untergrund, nicht erreicht werden kann, setzt man die Elemente auf feuerverzinkte Pfostenanker in ein Betonfundament. Steht eine Hauswand zur Verfügung, bietet es sich an, mit eingedübelten Halterungen (z. B. mit einem feuerverzinktem Balkenschuh) eine stabile Verbindung herzustellen.

Selbstgebauter Flechtzaun aus Weidenruten. Schon bald wird er üppig grünen.

Bambus ist ein schönes und vielfältig nutzbares Material.

PERGOLEN

Pergolen und Rankgerüste

Unter Pergolen verstand man ursprünglich schattige Laubengänge, die mit Wein berankt oder von Rosen umkränzt waren. Die ältesten Spuren weisen nach Ägypten, wo eine auf 1500 v. Chr. datierte Wandmalerei eine große Pergola inmitten eines ausgedehnten Gartens mit Dattelpalmen und Sykomoren (Eselsfeigen) zeigt.

Auch die Römer wußten das Wandeln im kühlenden Schatten zu schätzen – sie verbreiteten die luftigen Bauwerke in ihrem gesamten Reich. Noch immer erinnern Pergolen im Süden mit ihren Stelen aus Naturstein, den darübergelegten Hölzern und einem üppigen Bewuchs aus Weinreben, Rosen, duftendem Jasmin, Clematis und Blauregen an diese alten Vorbilder. Eine der schönsten Beispiele befindet sich seit 1740 im Kloster Santa Chiara, mitten in der Altstadt von Neapel. Gemauerte Stützen und Bänke sind dort mit herrlichen Majolikamalereien geschmückt. Ein dichtes Dach aus Weinreben spendet Schatten.

Doch die Pergola hat ihr Gesicht gewandelt. Heute versteht man darunter ein eher rudimentäres Rankgerüst, ein Gestaltungselement, das den Garten einteilt und ihn optisch gliedert. Besonders auf engem Raum kann eine Pergola dominierend wirken; deshalb braucht man eine genaue Vorstellung von ihrer Größe und der geplanten Bepflanzung. Fertigen Sie daher vorher eine möglichst maßstabgetreue Skizze an oder bitten Ihren Gartenarchitekten darum. Die Pergola nimmt einem Zaun die abgrenzende Strenge, obwohl sie ebenfalls die Sicht auf den Garten des Nachbarn versperrt. Üppige Kletterpflanzen sollen daran gedeihen, ein luftiges, heiteres Raumgefühl vermitteln, das aber weit entfernt ist von der Wucht eines festen, geschlossenen Bauwerks. Als leichtes, durchlässiges Dach über einem Sitzplatz oder als Wind- und Sonnenschutz ist sie ein unverzichtbares Gestaltungsmittel. Sie lenkt den Blick in die gewünschte Richtung und kann Rahmen und Hintergrund darstellen, z. B. für eine schöne Skulptur oder eine ausgeprägte Pflanzengestalt.

Stelen aus Naturstein und knorrige Stämme verbinden sich zur stilvollen Pergola.

PERGOLEN

Hauptbestandteile einer Pergola sind mehrere senkrechte Pfosten sowie darübergelegte Balken und Querstreben, die einjährigen und verholzenden Kletterpflanzen stützenden Halt bieten. Dadurch kann ein laubenartiger, überkragender, rechteckiger oder runder Platz entstehen. Eine Pergola kann aber auch als Verbindungsgang zwischen Gebäuden errichtet werden, den man mit seiner schattenspendenden Wirkung gerne zum Schlendern benützt. Besonders schön wirkt auch eine Sternpergola, die von zwei Seiten begrenzt ist und deren Dach sich fächerförmig öffnet.

Holz ist das vorherrschende Material, aber auch verspielte und verzierte Tragelemente aus Mauerwerk, Stahl, Messing, Kunststoff und Aluminium werden gerne verwendet. Im Stil sollte die Pergola immer zum Haus passen, wobei man mit Holz selten ein Risiko eingeht. Unter der Pergola steht üblicherweise eine Sitzgruppe aus Gartenmöbeln oder auch eine bequeme Bank, eine Hängematte oder Liege, die hier zum Lesen, Plauschen und Entspannen einlädt.
Eine Pergola schützt gewöhnlich nicht vor Regen; sie kann aber bei entsprechender Bauweise mit einer ausziehba-

Für so ein romantisches »Gartenzimmer« findet sich immer Platz.

PERGOLEN

Die Doppelpergola verwandelt sich durch Ziergitter und Pflanzkästen in einen intimen Sitzplatz.

Himbeeren, Brombeeren und Kiwis – die Naschecke gedeiht im Schutz der Pergola.

PERGOLEN

Üppige Blauregen-Pracht an einer Pergola. Verholzende Kletterpflanzen schätzen diesen massiven Halt.

ren Markise überzogen werden und so gleichermaßen allzu viel Sonne als auch Regen abhalten. Mit Seitenwänden, festem Dach, z. B. aus transparentem Plexiglas, und Schiebetüren wandelt sich eine solche Pergola sogar zum Wintergarten.

Berankt mit Kletterpflanzen kann sie sich in ein blühendes, duftendes oder sogar früchtetragendes grünes Paradies verwandeln – je nachdem welche Pflanzen man dafür auswählt (Hinweise dazu siehe Seite 103ff.). Geradezu klassisch mutet eine mit Weinreben berankte Pergola an, an der bei geschickter Sortenwahl im Herbst schmackhafte, saftige Trauben dem Besucher direkt in den Mund wachsen.

Bei Regen dürfte ein solch enger Kontakt mit der Bepflanzung weniger willkommen sein; deshalb sollte das Tragegerüst mindestens 2 Meter Höhe aufweisen, um Menschen und Pflanzen gleichermaßen gerecht zu werden.

Einen blühenden alten Bambus kann man nur noch mit dem Bagger entfernen.

Bambus weicht einem intimen Gartenzimmer

Das gibt Platz für Rankgitter und Pergola. Exakt waagerecht soll die gespannte Schnur verlaufen.

Erst werden die Pfosten gesetzt, dann mit »L-förmigen« Beschlägen die Zaunelemente verschraubt.

Ein Element wird 50 cm davor gesetzt. Für Pflegearbeiten ergibt sich somit ein Zugang, und die lange Zaunlinie wird unterbrochen.

Für das Setzen der Dachreiter sind genaue Abstände notwendig.

PERGOLEN

Wenn man eine breite Doppelpergola oder rechteckig stehende Pergola-Elemente mit einem luftigen Dach ausstattet, entsteht sofort ein angenehmes Raumgefühl. Wein, *Clematis*, weißer Knöterich oder Kletterrosen werden bald ein übriges tun, um den Aufenthalt darunter zu verschönern. Besonders romantisch sitzt man unter blühenden Glyzinen (*Wisteria sinensis*), die im zeitigen Frühjahr ihre zahlreichen langen Blütentrauben herabhängen lassen.

Eine solche Lösung bietet sich auch in rechteckigen Atriumgärten an, die mit glatten Mauern ringsum auf Kletterpflanzen warten. Ein solches Refugium soll nach oben zu luftig sein, die ziehenden Wolken ahnen lassen und dennoch seine Intimität behalten. Ein Atrium läßt sich auch mit Pergola-Elementen ringsum als grüner Raum in einem größeren Garten erstellen. Dort wird es keinesfalls störend wirken. Es stellt eher ein ruheverheißendes, interessantes, kleines Bauwerk dar, das der Besucher gerne ansteuert. Mit einer Bank und Stühlen darunter sieht es sehr einladend aus. Durch eingezogene Rundbögen wird es romantisch wirken, Kugeln, zapfenartige Zierelemente oder Kapitelle als dekorative Krönung der Pfosten schaffen ein mediterranes Flair.

Mit vereinten Kräften entsteht eine weinumrankte lauschige Sitzecke.

Ein Sitzplatz für Zwei, der Bachlauf mit Amphore und ein Gartenteich, umgeben von einer abwechslungsreichen Bepflanzung – das alles hat auf ca. 50 m² Platz.

MAUERN

Mauern mit einigen Extras

Mauern bieten Schutz vor kalten Winden und freien Einblicken. Sie gliedern den Garten und bieten vielfältige Gestaltungsmöglichkeiten.

Durch Stützmauern entstehen aus einem abschüssigen Gelände ebene Terrassen, die sich in herrliche Sitzplätze verwandeln lassen. Je nach ihrer Lage kann man von dort aus die Aussicht genießen oder an einem sonnigen Hang die Wärme für die Kultur von allerhand südlichen Pflanzen nutzen. Wo es die klimatische Lage zuläßt, zum Beispiel in Weinbaugebieten, wachsen Zierbananen, Feigen, Pfirsiche und Maulbeerbäume, immergrüne Aukuben oder Mittelmeer-Schneeball (*Viburnum tinus*) auch ausgepflanzt. Ansonsten vermittelt eine Gruppe transportabler Kübelpflanzen die mediterrane Atmosphäre.

Vor einer Mauer kann es in praller Sonne aber auch sehr heiß werden – dann sollten Sie an eine schattenspendende Pergola denken (siehe Seite 76 ff.), die sich leicht integrieren läßt.
Es ist ganz verständlich, daß ein Gartenbesitzer eher ans Aussehen denkt als an die Sicherheit und Funktion seiner Gartenmauern. Auf ebenem Gelände haben sie wenig zu tragen, doch am Hang wirken drückende und schiebende Kräfte ein, Wasser schießt oder sickert zu Tal und kann die Fundamente untergraben.
Grundsätzlich braucht man für Mauern ein solides, frostfrei gegründetes Strei-

Durch eine niedrige, umlaufende Mauer entstand ein geschützter Senkgarten.

MAUERN

fenfundament, damit die Kälte nicht hochfrieren kann. Der Graben für das Fundament muß daher mindestens 80 cm tief ausgehoben und genügend breit sein. Mit einer Betonmischung von 1 Teil Zement, 2 Teilen Sand und 2 Teilen gröberem Kies wird er ebenerdig ausgefüllt. Dabei ist es möglich, größere Steine oder auch Bauschutt als stabilisierendes Füllmaterial ins Fundament zu verbauen. Organische Stoffe haben allerdings zwischen dem Beton nichts zu suchen. Jetzt das Verdichten des Betons nicht vergessen, denn erst dadurch verbindet sich die Masse zu einem festen Verbund. Soll die Mauer höher werden als 1 Meter, ist es besser, bei hängigem Gelände die Arbeiten an einen Fachmann zu vergeben. Damit sich kein Wasser staut, wird am Grund ein Drainagerohr verlegt, das die Nässe abführt. Dachpappe, hangseitig an der Mauer angebracht, und grober Schotter zwischen Erdreich und Mauer verhindern, daß Frost das Bauwerk unterminiert und sprengt.

Hinter dem Tor mit der üppigen Glyzine lockt ein schöner Garten.

Ein Spiegel vergrößert den Garten. Erst beim näheren Hinsehen erkennt man den Trick.

Wilder Wein klammert sich mit Saugnäpfen an kleinsten Unebenheiten fest. Im Herbst färben sich die frischgrünen Blätter leuchtend rot.

MAUERN

Die reich gegliederte Mauer macht diesen Badegarten intim.

In die Mauerkrone wurden Kletterhilfen für Waldreben eingelassen.

Ganz gleich, ob das Sichtmauerwerk aus Ziegeln, Natursteinen oder strukturiertem Beton besteht – handwerkliches Können und Geschmack sind hier in besonderem Maße gefragt. Eine schöne Mauer ist ein Anblick, an dem sich Generationen erfreuen werden. Bereits vorhandene, häßliche Mauern können dagegen durch Verblendungen ein neues Gesicht erhalten.

Denken Sie dabei praktisch: Niedrige Mauern können durch ein paar hingelegte Kissen bereits Sitzplätze ersetzen. Auf Treppchen lassen sich Kübelpflanzen oder Kräuter in Töpfen und Schalen nach Größen gestaffelt unterbringen und obendrein sehen sie sehr malerisch aus. Eingelassene Pflanzbeete auf der Mauerkrone bieten Gelegenheit, z. B.

MAUERN

einen herbstblühenden violetten Buschklee (*Lespedeza*) in Kaskaden herabwachsen zu lassen. Diese schöne Pflanze ist an trockene Verhältnisse gewohnt und überschüttet das Mauerwerk zu einer ungewöhnlichen Jahreszeit mit einem Schwall von stimmungsvollen Blüten. Strukturpflanzen wie der weißgrüne Mottenkönig (*Plectranthus coleoides*) oder der robuste, weißbunte Gundermann (*Glechoma hederacea*) können mit eindrucksvollen, bis 2 Meter langen Schleppen eine Attraktion sein. Eine Besonderheit, die nicht jeder aufbieten kann, sind auch Kaskadenchrysanthemen. Sie stammen aus der japanischen und französischen Gartenkultur und tragen im Herbst auf langen, überhängenden Stielen Hunderte von traumhaft schönen, herb duftenden Chrysanthemenblüten. Dieses Ergebnis erfordert einigen Aufwand, insbesondere vom Frühjahr an ein Schrägstellen der Triebe und mehrfaches Kürzen, damit sich die Triebe dicht verzweigen. Die Blüte beginnt Ende September und hält bis zum Beginn des Winters an. Gelber Jasmin (*Jasminum nudiflorum*) überbrückt mit seiner Winterblüte die Zeit bis zum Frühling. Dann übernehmen Tulpen, Hyazinthen, Narzissen und andere Frühjahrsblüher das Blütenspiel. Im Sommer gehört das sonnige Plätzchen den Pelargonien (»Geranien«) Feuer von Granada (*Delosperma*) oder Mittagsgold (*Gazania*).
Am Mauerfuß braucht man Platz für allerhand Kletterpflanzen, die die Fläche einmal locker überziehen sollen. Sparen Sie deshalb an passender Stelle Pflaster in Rundbögen oder Rechteckform aus – der Aufwand dafür ist nicht groß. Teilt sich das Grundstück durch mehrere Mauern auf, erzielt man mit eingelassenen runden, elliptischen oder

Ein langweiliger Betonring wandelt sich zum schönen Brunnen.

eckigen Fenstern überraschende Durchblicke. Umgekehrt wirken kleine Gärten viel größer, wenn in die Mauer ein Spiegel eingelassen ist (siehe Seite 83). Wichtig: Den Spiegel leicht schräg stellen, sonst sieht man immer nur sich selbst.

TIP Ist Ihr Grundstück durch einen Wall abgeschirmt? Dann errichten Sie darin rechtzeitig eine muschelförmig ausgehobene Nische, Grotte genannt. Ringsum wird sie mit in Mörtel verfugten Natursteinen ausgekleidet und bietet so einen windgeschützten Sitzplatz, den man durch viel Grün an den Seiten und mit kreisförmig verlegtem Pflaster lauschig einrichten und nach vorne zu erweitern kann.

Ein **Friesenwall**, bekannt geworden durch seine reichliche Verwendung auf der Insel Sylt, bietet sich für naturbelassene Grundstücke an, die wenig gepflegt werden sollen. Sympathisch ist, daß sich die Kosten für den 60 bis ca. 130 cm hohen Wall in Grenzen halten. Wenn Sie aktiv sind, können Sie

MAUERN

So entsteht ein »Friesenwall«: Zwischen Natursteinen werden blühende Pflanzen geschichtet.

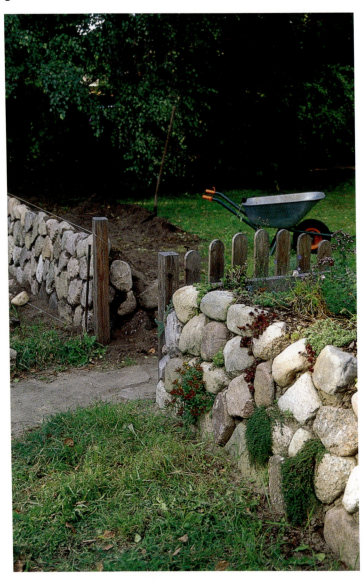

ihn leicht selber bauen. Man braucht dazu handliche Natursteine von annähernd gleicher Größe. In leichter Schräglage werden sie Schicht auf Schicht plaziert. Erde dient als Bindemittel und gleichzeitig als Wurzelraum für Steinbrech, Mauerpfeffer, Heidenelke, Steinrich (*Alyssum*) oder schlichte Gräser. Auch der Kern des Walls besteht aus verdichtetem Boden. Wenn Sie es eilig haben, decken Sie die Krone mit einer Schicht Rollrasen ab – das sieht gepflegt aus. Ansonsten dürfen sich dort gerne einjährige Wildblumen selbst aussamen, etwa feuerroter Klatschmohn, blaue Kornblumen, rosa Kornraden oder weiße Margeriten.

Trockenmauern sind, mehr noch als der grasige Friesenwall, von hohem ökologischem Wert. Sie werden aus plattenförmigen oder mehr oder weniger regelmäßig geformten Steinen aufgeschichtet, aus Stabilitätsgründen möglichst nicht höher als 80 cm. Ohne Zement, aber mit bindigem Material (z. B. Lehm und Sand) entsteht durch geschicktes Verzahnen, Einfügen und Verkeilen mit kleineren Steinen ein nischenreiches, lebendiges Biotop. Hier finden viele Nützlinge ein passendes Winterquartier: Eidechsen, Salamander, Laufkäfer, Florfliegen, mitunter auch Igel. Je nach Geschmack läßt sich die Mauer u. a. mit polsterbildenden Blaukissen (*Aubrieta*), Teppichphlox (*Phlox subulata*), Hornkraut (*Cerastium*), Fetthenne (*Sedum*-Arten, z. B. *S. spurium*), Edelweiß (*Leontopodium*), Sonnenröschen (*Helianthemum*) oder Glockenblumen (in mehreren Arten, z. B. *Campanula carpatica*, *C. poscharskyana*, *C. portenschlagiana*) bepflanzen. Auch Schönheiten wie der samtblättrige Felsenteller (*Ramonda myconi*) aus den Pyrenäen oder Porzellanblümchen (*Lewisia*-Hybriden) dürfen sich hier ausbreiten.

Damit die Mauer nicht wegrutscht, braucht sie einen breiten Fuß (Verhältnis Breite zu Höhe 2:1) und eine genügend stark ansteigende Schräge. Für eine gleichmäßige Ausrichtung ist es zu empfehlen, sich eine passende Schablone anzufertigen und Schnüre zu spannen.

MAUERN

Wichtig: Ihr Vorrat an kräftigen Ballenpflanzen sollte schon beim Aufschichten zur Verfügung stehen. So lassen sich bereits beim Bau genügend große Nischen zum Einpflanzen einrichten, später stößt dies auf Schwierigkeiten. Damit die Pflanzen nicht vertrocknen, brauchen sie hangseitigen Anschluß ans Erdreich und müssen nach der Pflanzung gut eingeschlämmt werden.

TIP Rustikale Sitzmöglichkeiten entstehen aus gemauerten Pfeilern, Steinplatten oder Holzbohlen. Originell ist auch eine gemauerte Bank mit Pflanzbeet, in dem zum Beispiel Kapuzinerkresse oder duftende Kräuter wuchern.

Die Sitzbank enthält ein Pflanzbeet mit duftender Kapuzinerkresse.

Trockenmauern bieten Ökonischen für viele Pflanzen und Nützlinge.

HOLZWÄNDE

Stützwände mit Holz gestalten

Die Alternative zu Stein und Beton bei Mauern und Pflanzelementen ist der Naturbaustoff Holz. Seitdem es Bohlen, Stämme und Bretter in allen Größen und Dicken gibt, kesseldruckimprägniert und naturbelassen, sind dem fantasievollen Einsatz kaum Grenzen gesetzt.

Die Stützwand aus massiven Stämmen verschwindet fast unter Efeu und Farnen.

Beispiele für die sinnvolle Verwendung von Holz als Baustoff sind Pflanzbeete mit daran angebrachten Rankgerüsten, mit Folie ausgelegt und im Handumdrehen zum Miniteich umfunktioniert, niedrige Beeteinfassungen, Bänke zum Sitzen oder Laufwege aus Holzlatten, Treppchen aus naturbelasssenen oder geriffelten Bohlen – man muß sich nur in einem Mustergarten umsehen oder einen einschlägigen Katalog durchblättern, und schon kommt man auf tausend Ideen.

Den Anfang machten Eisenbahnschwellen, an sich ein haltbarer Baustoff. Leider hat man früher nicht auf umweltschonende Imprägnierungen geachtet. Dicke Stämme und Konstruktionsholz in passenden Abmessungen sind die heutigen Alternativen. Mit ihnen kann man preisgünstig hängiges Gelände terrassieren, Höhenunterschiede ausgleichen und Hochbeete bauen. Kriechende und überhängende Pflanzen gleichen durch ihren üppigen Wuchs bald nach der Pflanzung die zunächst harten Konturen aus.

Die Idee der erhöhten Beete ist keine Erfindung der Neuzeit, sondern eigentlich uralt. Daß Pflanzen darin besser wachsen, weil die Erde schneller entwässert wird, den Wurzeln dadurch mehr Luft zur Verfügung steht und sich auch das Bodenleben daran anpaßt, so daß letztlich mehr geerntet werden kann – all dies haben schon unsere Vorfahren erkannt. Erhöhte Beete schaffen dazu mehr Raum und machen Sitzecken gemütlicher.

Hat Ihr Gartenraum eckige Umrisse, empfehlen sich für Stützwände querliegende Hölzer. Sie werden übereinander gestapelt und erhalten durch Vernageln

HOLZWÄNDE

an massive und doppelt so tief wie hoch eingelassene Stützpfosten den nötigen Halt. Bei stark abfallendem Gelände sind Holzpalisaden eine gute Alternative zu Beton und Kunststein, um sowohl das Erdreich vor dem Abrutschen zu bewahren als auch um Platz zu gewinnen für einen gemütlichen Sitzplatz. Vor Wind geschützt und der Sonne zugewandt, kann man hier schon frühzeitig die wärmenden Strahlen der Frühlingssonne genießen oder spät im Herbst noch vom goldenen Oktober profitieren. Allerdings müssen die Palisaden stabil verankert werden, damit sie dem Hangdruck standhalten. So geht man vor:

- Die Palisaden bleiben zu 1/3 im Boden, 2/3 sind später oberirdisch zu sehen. Entsprechend tief wird ein ca. 20 cm breiter Graben ausgehoben.
- Geben Sie weitere 20 cm für eine Kiesschicht gegen stauende Nässe zu und bringen Sie entsprechend viel groben Kies ein.
- Nun werden die kesseldruckimprägnierten Palisaden dicht an dicht eingestellt. Leicht konische Palisaden abwechselnd mit dem dünnen und dicken Ende nach oben.
- Die Palisaden werden leicht gegen den Hang geneigt, gleichmäßig ausgerichtet und mit einer angehefteten Richtlatte so fixiert.
- Wichtig: Damit das Holz nicht fault, auf der Erdseite bis unten gegen Nässe und Fäulnis eine Schutzfolie oder Dachpappe anheften
- Jetzt erst wird der Graben im ersten Drittel mit dem Aushub gefüllt und festgetreten.
- Nun bis dicht unter die Oberfläche Magerbeton (1:7) einfüllen, feststampfen und mit der Kelle nach beiden Seiten schräg abfallend glätten.

Eine andere Möglichkeit besteht darin, querliegende Hölzer (z. B. im Eckverband) aufeinander zu schichten. Damit sie genügend Halt bekommen, brauchen sie ein Streifenfundament. Alle Hölzer werden zusammen durchbohrt, eine Gewindestange eingeführt und im Fundament fest verdübelt.

Für Gartenräume in weichen, runden Formen sowie Treppchen, Beete und Kanten sind dagegen senkrechte Palisaden besser geeignet.

Palisadenwände sind bald schon von Efeu überwuchert.

Damit der Steilhang nicht ins Rutschen gerät, wird er mit Strohmatten gesichert und mit Wein – hier die Fuchsrebe, *Vitis labrusca* – als Bodendecker bepflanzt.

RANKGITTER

Zier- und Rankgitter, Treillagen

Kletterpflanzen wollen sich hochhangeln können. Was macht man aber mit häßlichen Mauerflächen, mit Wänden, die nach nichts aussehen oder mit glatt verputzen Flächen? Die Lösung ist einfach: Rankgitter anbringen.

Ziergitter verdecken nackte Mauern. Sie bieten viele Klettermöglichkeiten.

Zier- und Rankgitter gibt es mit quadratischem oder Rautenmuster, in Rechteckrahmen, Quadraten, Pfeilern, Halbbögen, Doppelbögen, rustikalen oder vielen anderen Formen. Mit Dübeln, Abstandhaltern und Edelstahlschrauben finden sie an senkrechten Flächen dauerhaften Halt, dienen aber auch zum nachträglichen Ergänzen von Pergolen oder Sichtschutzsystemen.

Die Wirkung dieser relativ preisgünstigen und einfach anzubringenden Maßnahme kann umwerfend sein. Langweilige Fenster, mit Halbbögen und Zierfriesen umrahmt, sehen plötzlich edel aus. Vor allem, wenn dann noch

RANKGITTER

Ungewöhnlich: eine waagerechte Rankhilfe aus Bambusrohr.

Farbe ins Spiel kommt: romantisches Weiß, kühles, gedecktes Blau mit einem Hauch von Silber oder edles, zurückhaltendes Grün. Man kann die Elemente aber auch nach eigener Vorstellung selbst anstreichen oder mit Zierknöpfen in Silber und Gold versehen.

Treillagen (französisch) oder **Trellis** (englisch) haben eine lange Tradition. Als Abschluß eines Bogenganges, zur Ausgestaltung enger Gartenräume, als Verzierung von hohen Mauern sind die Rankhilfen aus vielen Schloß- und Bürgergärten nicht wegzudenken. Beliebt waren Dekorationen in »Trompe l'oeil-Manier«. Durch Ausnutzung der Perspektive und entsprechende Gestaltung der Gitter entsteht dabei der Eindruck eines Bogenganges – das Auge läßt sich täuschen. Räume, wo es nur glatte Mauern gibt, Großzügigkeit statt Enge – warum sollten Sie nicht einmal einen Versuch wagen?

Falls an Kletterrosen, Blauregen oder eine Bepflanzung mit Wildem oder Echtem Wein gedacht ist, prüfen Sie genau die Verarbeitung der Gitter. Allzu leichte, nur mit dem Tacker geheftete Ausführungen können dem Gewicht der Pflanzen meist nicht lange standhalten. Solides Material und entsprechende Verarbeitung sind also gefragt. Rankgitter gibt es aus Holz und aus feuerverzinktem, kunststoffbeschichtetem Metall. Manche sind traumhaft schön gearbeitet und fast ein Kunstwerk für sich. Ganz gleich, aus welchem Material sie bestehen – die filigranen Gitter lassen erahnen, was sich dahinter verbirgt und wirken deshalb niemals erdrückend. Durch die Wahl der Kletterpflanzen haben Sie es selbst in der Hand, welche Teile aus dem umliegenden Garten durchschimmern und neugierig machen dürfen.

Da Rankgitter kaum Platz wegnehmen, eignen sie sich vor allem für kleinere Gärten. Nicht nur im Eingangsbereich oder rund um den Sitzplatz, auch einem flachen Steingarten oder einer

RANKGITTER

Quadratische Rankgitter wirken ruhig. Pflanzen sorgen bald für Charme.

**Rechts:
Das exotische Minarett dient als Stütze für Kletterrosen.**

ansonsten langweiligen Rabatte verleihen sie Struktur und Tiefe. Drei Rechtecke, als Paravent untereinander verbunden oder versetzt hintereinander ins Staudenbeet gestellt, trennen ohne viel Aufwand einzelne Gartenteile voneinander ab. Bei Bedarf kann man sie leicht weiterrücken und als aktuellen Hintergrund oder Rahmen für schöne Parkrosen oder andere außergewöhnliche Gehölze und Stauden benutzen. So schön sie sind, sollte man sich doch vor übertrieben verschnörkelten Nostalgien hüten.

Sie waren Ende des letzten Jahrhunderts in Mode und sind es heute wieder. An allzu modischen Stilrichtungen sieht man sich schnell satt, und wenn sie jeder im Garten hat, sind sie längst nichts Besonderes mehr. Dies gilt auch für die absichtlich rostigen Zaunelemente, die in wiederkehrenden Zeitabschnitten en vogue sind, um anschließend wieder vergessen zu werden. Schöne Materialien und Proportionen aber behalten ihren dauerhaften Wert bei.

TIP Vielleicht haben Sie Gefallen an ungewöhnlichen Objekten; dann sind Obelisken, Minarette und Ranksäulen genau richtig. Zwischen Stauden und Rosen gestellt, bringen sie, Aufmerksamkeit heischend, die Höhe und damit eine weitere Dimension ins Spiel. *Clematis*, Kaskaden- und Kletterrosen, aber auch einjährige Klimmer wie Prunk- und Kaiserwinden (siehe Seite 109) kommen daran optimal zur Geltung. Wenn die Wirkung mehr in die Breite gehen soll, sind auch schöne, ausdrucksvolle Zaunelemente eine gute Wahl.

BLUMENBÖGEN

Zauberhafte Blumenbögen

Claude Monets Garten in Giverny ist weltbekannt. Der berühmte Impressionist verwandelte einen geraden, breiten Weg zu seinem Haus durch mehrere Blumenbögen in ein romantisches Paradies und hielt es in seinen wunderschönen Bildern fest.

Eine einfache Rosenlaube aus zusammengeschweißten Baustahlmatten.

An einer langen Galerie eiserner Blumenbögen wuchern in Monets Garten von rechts und links Kletterrosen nach oben hin zusammen. Vom blühenden Baldachin rieseln die verspielten Blütenrispen herab. Üppige Sommerblumen umlagern die Rosen am Fuß, während sich eifrige Kapuzinerkresse von beiden Seiten aus bemüht, den Weg in einen romantischen Blütenteppich zu verwandeln. Wer das Bild aus dem Garten in Giverny einmal gesehen hat, wird ähnliche Träume für den eigenen Garten hegen. Nichts gegen Kaskaden voller Rosen, aber Goldregen, weiße oder blaue Glyzinen und grazil rankende Winden in Himmelblau oder Purpur können ebenfalls eine Märchenstimmung wie aus Tausendundeiner Nacht herbei zaubern.

Pflanzenumrankte Blumenbögen kann man nicht genug im Garten haben. Schon am Eingang können rosa und blaue *Clematis* die Besucher auf einladende Art begrüßen, bei der Überleitung ins nächste Gartenzimmer werden sie von tiefblauer Glockenrebe verabschiedet. Eindrucksvoll bleibt eine kleine Galerie aus verschiedenen Sorten von Kletterrosen in Erinnerung. Wählen Sie dazu robuste und blühwillige Züchtungen in einer Farbe: zum Beispiel rosa Töne mit der wüchsigen, schalenblütigen 'American Pillar' am Eingang, der dichtgefüllten 'Super

BLUMENBÖGEN

Rosen über Rosen – mit Rankgittern und Kletterhilfen läßt sich eine solche Pracht verwirklichen.

Feuerbohnen klettern schnell. Den Blüten folgen schmackhafte Früchte.

Excelsior' in Karminrosa, 'New Dawn' in hellem Rosa oder 'Lawinia' in Dunkelrosa, mit Edelrosencharakter. Am Ende der Galerie wartet eine Skulptur als Blickfang. Oder aber der Blick öffnet sich in einen anderen Teil des Gartens, etwa auf eine Laube oder einen kleinen Wasserfall.

Die Rankwände im Stil Monets mit ihren typischen, breiten Rundungen sind in letzter Zeit wieder beliebt geworden, ebenso wie eine andere Idee aus dieser Zeit, der Rosenschirm für Kaskadenrosen auf hohen Stämmchen. Mit einem romantisch umrankten Bogen aus Holz, aus verzinktem Stahlrohr zum Zusammenstecken oder aus Schmiedeeisen haben Sie die passenden Stützmaterialien und fügen Ihrem Garten zugleich ein neues Gestaltungselement hinzu.

BLUMENBÖGEN

Im Schattengarten hellen die Klettertriebe der Kanarischen Kapuzinerkresse (*Tropaeolum peregrinum*) mit ihren exotisch gezeichneten, gelben Blütchen die Situation auf, im Herbst sind es die zierlichen Goldwaldreben (*Clematis tangutica*), die mit silbrig glänzenden Samenständen bis in den Winter hinein Aufmerksamkeit erregen. Im Nutzgarten dürfen feuerrote Prunkbohnen innerhalb von wenigen Wochen den Bogen erobern, tiefschwarze Brombeeren an langen, dornenlosen Ranken (z. B. der Sorte 'Thornless Evergreen') laden im Vorübergehen zum Naschen ein.

Achten Sie besonders auf einen geringen Abstand der Querverbindungen (maximal 20 cm), damit die Pflanzen von selbst den Weg nach oben ohne lästiges Anbinden finden. Gewiß, man kann Netze oder Rankgitter auch nachträglich einziehen. Besser ist es jedoch, gleich ein geeignetes Modell zu wählen.

Sehr preisgünstig kommen Sie mit passend zugeschnittenen und gebogenen Baustahlmatten zu ihrem Laubengang. Mit der Zeit beginnen diese zu rosten, deshalb sollte man sie nach Möglichkeit vorher lackieren. Im Gräsergarten oder am Teich bietet sich ein dekoratives Tor aus Bambusstangen an, wie man es in Japan häufig findet. Die Stangen und Querträger werden dabei mit Draht oder dauerhaften Schnüren verbunden.

Anfangs wirkt ein solches Gestänge noch leer und zu groß. Die Kletterrosen zeigen sich im ersten Jahr kaum, doch einjährige Schling- und Kletterpflanzen springen mit üppigem Schnellstart als Lückenfüller ein. Bald aber füllt sich der Raum durch Blätter, Ranken und Blüten. Sparen Sie deshalb nicht allzu sehr am Platz, damit sich später kein Gefühl der Enge einstellt. Man muß bequem hindurchgehen können, ohne an den stacheligen Trieben hängenzubleiben. Daraus leiten sich eine Breite

Von Pfosten zu Pfosten schwingt sich ein Seil als Halt für Kletterrosen.

BLUMENBÖGEN

von mindestens 150 cm und eine Höhe von 220–230 cm ab. Viele käufliche Rosenbögen sind jedoch niedriger und daher weniger gut geeignet. Achten Sie also beim Kauf auf die Maße.

TIP Kletterrosen verlangen keine aufwendigen Konstruktionen. Mit ein wenig handwerklichem Geschick können Sie aus 2 cm dicken verzinkten Stahlrohren Pfeiler von ca. 250 cm Länge basteln und daran Haken anschweißen. Alternativ lassen sich auch Pfosten aus imprägniertem Holz verwenden. Im Abstand von ca. 3 Metern werden die Pfeiler dicht neben den Rosen fest in den Boden gesteckt. Aus Ketten oder Tauen entsteht eine elegant schwingende Girlande, an der sich die langen Rosentriebe gerne ausbreiten. Solch leichte Gebilde waren – wie Wandgemälde aus Pompeji zeigen – schon bei den Römern beliebt.

Kletterrosen und *Clematis* ergänzen sich in idealer Weise.

Gewiß gibt es zahlreiche kletternde Blumen und Gehölze, einjährige und mehrjährige, die Bögen und Laubengänge mit Begeisterung erobern. Mich verfolgt jedoch in Gedanken stets ein hölzerner Laubengang im herrlichen Garten der Villa Carlotta am Comer See. Fast zum Greifen nahe, hängen dort üppige Büschel von goldgelben Orangen herab, Grapefruits säumen die Seiten, und Mandarinen sehen aus wie kleine Lampions. Warum nicht mit schönen Früchten experimentieren? Pfirsiche gedeihen selbst im Norden, auch Mirabellen, Nektarinen und Aprikosen sind nicht allzu anspruchsvoll, ganz zu schweigen von schmackhaften Birnen. Sie alle bieten zur Blütezeit einen herrlichen Anblick und später, wenn die leckeren Früchte folgen, zieht es alle Familienmitglieder in den Laubengang. Die Zweige lassen sich anheften und mit geschicktem Schnitt entsprechend formieren. Wer Laubenobst nur einmal ausprobieren will, kann die einjährigen Andenbeeren (auch Inkapflaumen genannt, *Physalis peruviana*) aus Samen ziehen und an sonniger Stelle anpflanzen. Bei guter Ernährung tragen sie Hunderte von schmackhaften Früchten.

Durch Rankornamente reich gegliedert ist dieser Stadtgarten.

97

HECKEN

Grüne Wände aus Heckenpflanzen

Wer ohne Bauantrag und Streit mit den Nachbarn eine Möglichkeit der Grundstücksabgrenzung sucht, findet über kurz oder lang zur natürlichen Lösung, der Hecke. Hinter ihren grünen Wänden fühlen wir uns geborgen, denn Wind und neugierige Blicke bleiben draußen.

Mit Gehölzen läßt sich bekanntlich ein grüner, gefälliger Rahmen schaffen, in dem Sommerblumen, Stauden, Figuren und andere Gestaltungselemente erst richtig zur Wirkung kommen. Mit Hecken kann man den Garten unterteilen und gliedern, im Vorgarten großzügig Einblick gewähren und trotzdem an anderen Stellen »Gartenräume« mit intimem Charakter schaffen. Hecken blenden aus, ohne total abzuschotten, verbessern das Kleinklima und bieten für dekorative Gartenpflanzen einen vorteilhaften Hintergrund, ähnlich wie Kulissen eines Theaters.

Sommergrüne Laubgehölze lassen im Winter Licht passieren, Immergrüne dagegen stellen einen Dauerschutz für alle Jahreszeiten dar und strukturieren den Garten auch im Winter. Im Rauhreif oder mit Schneehäubchen bietet uns die kalte Jahreszeit dann ganz andere und mitunter überraschende Eindrücke. Reizend sind auch Durchgänge, Fenster, Bögen, Figuren, runde Kugelformen oder Säulen, ja sogar Gartenlauben aus geschnittenem Grün. Weißbunte oder gelbgrüne Zierformen machen auch bei trübem Wetter oder im Winter den Garten lebendig und sollten daher durchaus in Betracht gezogen werden.

Dabei müssen Hecken nicht immer gleich mannshoch sein. Niedrige Formen bilden einen ordentlichen Rahmen,

Verschiedene Heckenpflanzen: Hainbuche, Prachtspiere, Lebensbaum, Fingerkraut und Eibe.

HECKEN

**Links:
Silbrigweißes Heiligenkraut (*Santolina*) und Gamander (*Teucrium*, vorne) als niedrige Hecken geschnitten.**

**Rechts:
Rhododendronhecken bieten im Frühjahr einen herrlichen Anblick.**

halbhohe wirken auf raffinierte Weise ordnend, ruhespendend und verbindend zugleich. Einjährige Hecken kann man schon für wenig Geld aus Sommerzypresse (*Kochia scoparia* 'Trichophylla'), Schwarznessel (*Perilla frutescens*) oder mannshohem Elefantengras (*Sorghum nigricans*) schaffen. Eine platzsparende Alternative ist auch der immergrüne Efeu, der eigentlich kletternd wächst. Wenn man ihm jedoch einen Maschendrahtzaun oder ein dichtes Rankgitter anbietet, wird er sich nach einiger Zeit als Hecke präsentieren, die sogar Schnitt verträgt.

Apropos Schnitt. Manche Gartenbesitzer sind mit Begeisterung dabei, für andere ist schon der Gedanke an schnurgerade getrimmte Wände der reinste Horror. Nur wer mit wenig Platz auskommen muß oder einen formalen, repräsentativen Garten wünscht, kann auf den Schnitt im Spätsommer oder ausgangs des Winters nicht verzichten, wobei sich die Pflanzen nach oben hin verjüngen sollen. Durch eine solche Trapezform wachsen Heckenpflanzen auch am Fuß immer weiter und verkahlen nicht, sie bleiben grün und dicht, da sie auch dort ausreichend Licht erhalten. Üblich sind Kastenformen, abgerundete Kuppen und »Fantasie-Styling« – ganz nach Lust und Laune.

Freie Formen sind dagegen pflegeleicht und wachsen locker und ganz natürlich heran: Bambushecken, Beerenhecken, Blütenhecken, Dornenhecken, Fliederhecken, Fruchthecken, immergrüne Hecken, Rosenhecken, Schmetterlingshecken und Wildobsthecken. Wenn es die Größe Ihres Gartens zuläßt, legen Sie am besten mehrere Varianten an.

HECKEN

Mit einem Meer von Blüten können Heckenrosen aufwarten.

Die Hainbuche zählt zu den klassischen Heckenpflanzen.

Tiere fühlen sich in Hecken wohl

Hecken besitzen einen hohen »ökologischen Wert«. Das gilt übrigens auch für solche, die mit Schnur und Schere auf Form getrimmt werden. Im Schutz des dichten, oft stacheligen Geästes bauen Braunelle, Zaunkönig und viele andere Singvögel ihr Nest. Hier wissen sie die Brut sicher vor Raubvögeln und Katzen, halten von dort aus fleißig Ausschau nach Raupen, Läusen, Schnecken, Schildläusen und Engerlingen im ganzen Garten. Auch Igel, Eidechsen und andere nützliche Helfer im Garten finden ihren Unterschlupf. Im Biotop Hecke ist immer etwas los – Beobachten beim täglichen Anschauungsunterricht in Umweltschutz macht Spaß und prägt Kinder und Erwachsene.

Bunte Blüten im Frühling, Blattfarben im Herbst

Sommer wie Winter freundlich sehen die Immergrünen aus: Eibe und Liguster (beide sind giftig!), Feuerdorn, Fichte, Tanne, Lebensbaum, Kirschlorbeer, Mahonie, Stechpalme. Bunte Früchte können für mehr Abwechslung sorgen und gleichzeitig die Tierwelt ernähren. Hierfür eignen sich Feuerdorn, Zierquitten, Berberitzen, Pfaffenhütchen, Hagebuttenrosen, Stechpalmen. Auffallend schön sind Blütenhecken mit gelben Forsythien und roten Blutjohannisbeeren im Frühling sowie rosa Deutzien oder roten Weigelien im Sommer.
Wenn der Winter naht, bieten viele Gehölze mit leuchtendroten, rosa oder gelben Blättern einen wochenlangen zweiten Höhepunkt im Gartenjahr, die

HECKEN

Herbstfärbung. Besonders eindrucksvoll fällt sie bei Berberitzen, Ahorn, Heidelbeeren, Mispeln, Pfaffenhütchen und Felsenbirnen aus.

Eine ideale und zugleich nahrhafte Abgrenzung bieten auch die verschiedenen Obstarten. Unter dem Beerenobst sind dies etwa Heidelbeeren, Himbeeren, Taybeeren, Japanische Weinbeeren oder Brombeeren. Baumobst läßt sich als platzsparendes Spalier- und Zwergobst verwenden, wie die 'Ballerina'-Äpfel, Birnen, Schattenmorellen, niedrig bleibende Kirschen, Pfirsiche oder Aprikosen. Wein oder die winterharte Kiwi 'Weiki' (siehe S. 114), die man an Rankgittern oder Spalieren schlingen lassen kann, sind ohnehin gut geeignet.

Bei allen Heckenpflanzungen gilt das Nachbarschaftsrecht. Erkundigen Sie sich bei Ihrem Bauamt oder Gärtner nach den lokal gültigen Bestimmungen für den Grenzabstand. Dieser richtet sich nach der späteren Höhe und Breite

Heckenpflanzen mit Blüten: Prachtspiere, Kirschlorbeer, Fingerstrauch, Liguster.

WICHTIGE HECKENPFLANZEN

Höhe	Laubgehölze sommergrün	Laubgehölze immergrün	Nadelgehölze immergrün
niedrig	Blutberberitze Deutzie Fingerstrauch Spierstrauch	Buchsbaum Maigrün (*Lonicera nitida*) Kriechspindel	Scheinzypresse Zwerglatsche
mittel	Falscher Jasmin	Feuerdorn	Lebensbaum
hoch	Heckenrose Kartoffelrose Prachtspiere Zierquitte Buche Flieder Blutbuche, Haselnuß Kornelkirsche Hainbuche Spalierobst	Kriechspindel Liguster Kirschlorbeer Rhododendron Stechpalme Steinmispel	Säulenlebensbaum Eibe Abendländischer Lebensbaum Omorikafichte Leylandzypresse Blausäulen-Scheinzypresse

HECKEN

der Hecke. Auch zum Pflegen ist es günstig, wenigstens 50 cm vom Zaun weg zu bleiben.

Ungewöhnliche Heckenpflanzen

Im Baumschulgebiet nahe Oldenburg sind Rhododendronhecken nichts Ungewöhnliches. Dort schmücken sie als Immergrüne die Straßen und grenzen die weitläufigen Grundstücke kuschelig ein. Im Frühling jedoch erblühen sie zu unerhörter, duftender Pracht. Es wäre ihnen zu wünschen, daß sie sich auch in anderen Regionen ausbreiteten. Der Preis der Pflanzen liegt unter dem von Eiben. Vielleicht probieren Sie es einfach einmal? Hortensien sind eine weitere Alternative für milde Regionen, ebenso wie die rosarot blühende Eskallonie (*Escallonia rubra* var. *macrantha*), die wegen Salzverträglichkeit gut zur Küste paßt, und der Roseneibisch (*Hibiscus syriacus*-Hybriden).

Raumgefühl entsteht durch Hecken in unterschiedlichen Formen und Höhen.

KLETTERPFLANZEN

Fleißige Klimmer und Schlinger

Sie hangeln sich an Gittern und Wänden empor und decken alles in Windeseile zu, was nicht gern gesehen ist. Und dürfen sich Purpurwinden, Kaiserwinden oder Kalebassen erst auf Bögen und Gerüsten ausbreiten, schaffen sie eine Atmosphäre wie in einem orientalischen Märchen. Geschützt vor Wind und fremden Blicken, werden warme Sommertage dadurch zum unvergeßlichen Erlebnis.

Kletterpflanzen sind vielfältig in ihrer Erscheinung und deshalb im Garten und am Haus unverzichtbar. Aber auch ihr ökologischer Nutzen ist von großem Wert. Sie bilden eine mikroklimatische Hülle (Pufferzone), die Schatten, Nässeabwehr und Windschutz bietet.

In ihrem Blätterkleid finden Vögel und Nützlinge Lebensraum, die sich als fleißige Schädlingsvertilger (z. B. von Blattläusen) betätigen. Gleichzeitig produzieren die grünen Kletterer große Mengen Sauerstoff und Luftfeuchte, schlucken Staub und verändern sich im Lauf der Jahreszeiten: frische Triebe und zarte Blüten im Frühjahr und Sommer, herrlich leuchtendes Blattwerk und Früchte im Herbst.

Kletterpflanzen entstammen mehreren Pflanzenfamilien, ihr Erscheinungsbild kann daher von höchst unterschiedlichem Reiz sein. Nur eines haben alle bei der Eroberung ihrer Öko-Nische gemeinsam: die Fähigkeit, an Stützen, Geländern, Rankwänden, Ketten, Mauern und Bögen emporzuklimmen. Dies jedoch je nach Pflanze auf verschiedenste Art und Weise.

Oft reicht schon eine einzige Kletterpflanze, um eine imponierende Wirkung zu erzielen. Der Knöterich (*Fallopia*, siehe S. 113) ist einer der Schnellsten. Schon im ersten Jahr schafft er mehrere Meter und ist im Hochsommer übersät mit langen weißen Blütenrispen.

Zwei gute Ton-in-Ton-Partner: verspielte *Clematis* und Rosen.

Bis auf Feuerbohnen und Japanhopfen benötigen einjährige Kletterer durchweg einen Sonnenplatz. Besonders hübsch sind Wicken, Winden, Kanarische und gewöhnliche Kapuzinerkresse, die an Geländern und Spalieren hochklettern und in Kombination mit langsamer wachsenden Gehölzen, Efeu oder Kletterrosen schnell eine leuchtende Blütentapete schaffen.

KLETTERPFLANZEN

Vier verschiedene Methoden, Halt zu finden

- **Schlinger:** Die Pflanzen dieser Gruppe sind am weitesten verbreitet. Sie umwinden ihre Stütze mit dem gesamten Spross. Die Triebspitze umwächst den geeigneten Halt und erst, wenn der Spross fest an der Stütze sitzt, entwickeln sich die Blätter. Seltsamerweise drehen sich die meisten Schlinger links herum, also gegen den Uhrzeigersinn, wie z. B. Schwarzäugige Susanne, Hopfen und Feuerbohnen. Nur wenige Arten sind sogenannte Rechtswinder.
- **Ranker:** Als spezielle Kletterorgane haben diese Pflanzen Ranken entwickelt. Es gibt Blattstielranken, wie bei der *Clematis*, oder Rankorgane, die sich aus Blättern umgebildet haben, wie bei der Glockenrebe. Eine weitere Variante sind die Sproßranken, wie beim Wilden Wein. Die Ranke sucht in langsamen kreisförmigen Bewegungen nach einem geeigneten Halt, rollt sich anschließend um diesen herum und hält so den Trieb an der Stütze fest.
- **Selbstklimmer:** Dieser Name deutet schon an, daß die Pflanzen in der Lage sind, eigenständig eine Wand zu begrünen. Wilder Wein (ein Sproßranker mit Haftscheiben) und Efeu (mit Haftwurzeln) gehören dazu. Mit Haftorganen ausgestattet, suchen sie festen Halt. Junge Haftscheiben entwickeln sich an der dem Licht abgewandten Seite der Triebe und bilden sich wieder zurück, wenn sie nicht auf eine feste Oberfläche stoßen.
- **Spreizklimmer:** Diese Gruppe verfügt über keine speziellen Kletterorgane und zählt daher nicht unbedingt zu den Kletterpflanzen. Durch Dornen, Stacheln oder starre Seitensprosse krallen sich ihre Triebe fest, etwa bei Kletterrosen, Winterjasmin oder Bougainvillea. Man muß sie zusätzlich anbinden, da ihr eigenes Gewicht sie immer wieder nach unten ziehen würde.
- **Spalierobst:** Streng genommen gehören Gehölze, deren Äste künstlich aufgeleitet werden, nicht zu den Kletterpflanzen; doch lassen sich mit ihnen Südwände ebenso reizvoll und nützlich zugleich begrünen. Die Tradition des Spalierobstes wurde im 18. und 19. Jahrhundert sehr gepflegt. Vielerlei meist geometrische Spalierformen wurden entwickelt. Ein strenger Schnitt, der gelernt sein will, hält den Wuchs in flacher, zweidimensio-

Schlinger (Feuerbohne)

Ranker (Blattstielranker, *Clematis*)

KLETTERPFLANZEN

naler Form. Der Baum muß nicht zu viele Zweige ernähren, deshalb werden die Früchte größer und süßer, unterstützt durch die Wärme der Mauer. Auch der Befall durch Pilzkrankheiten wie Mehltau oder Schorf bleibt, des günstigen Kleinklimas wegen, meist geringer als bei freistehenden Obstbäumen.

Bei den mehrjährigen Arten ist die Zahl der Lichtgenügsamen größer. Geißblatt, auch als Jelängerjelieber bekannt, hat nur Positives zu bieten. Die Pflanze wächst schnell, auch im Schatten, ist anspruchslos und treibt im Frühjahr unzählige, angenehm süß duftende Blüten. Pfeifenwinde, einige *Clematis*-Arten und -Sorten, Kletterhortensie, Wilder Wein und Efeu sind ebenfalls lohnende Kletterer. Efeu braucht manchmal etwas Zeit, ehe er so richtig in Fahrt kommt. Dann aber wächst er rasch und klammert sich mit seinen Haftwurzeln selbstständig fest.

Die meisten Kletterer, ob kurz- oder langlebig, brauchen Stützen. Kletterhilfen werden am günstigsten schon vor der Pflanzung montiert. Zum Begrünen schmaler, hoher Wände eignen sich besonders Drähte und Metallseile, die auch für stark rankende Arten wie Wein, Rosen oder Blauregen (Glyzine, *Wisteria*) genügend stabil sind. Für kleine Flächen und schwächer wachsende Pflanzen bietet der Handel fertige Rechteckgitter aus Holz oder Metall. Besonders gefällig sehen die variablen Scherengitter aus, die vor allem für Wicken, Winden oder Schwarzäugige Susanne, also für die Einjährigen, empfehlenswert sind.

Achten Sie auf ausreichende Haltbarkeit und stabiles Andübeln in der Mauer, denn die Pflanzenmasse wiegt später schwer, besonders wenn sie regennaß sind! Selbst einfache Bastmatten oder Maschendraht brauchen eine stabile Befestigung. Der Abstand der Rankhilfen zur Wand muß mindestens 5 cm betragen, auch bei den einjährigen Arten.

Klettergehölze sind ausgesprochen pflegeleicht. Wichtig: Außer regelmäßigem Wässern und Düngen während der Wachstumszeit muß auch der notwendige Rückschnitt beachtet werden (z. B. bei Kiwi und Blauregen; siehe Seite 114 bzw. Seite 116).

Selbstklimmer (Wilder Wein)

Spreizklimmer (Kletterrose)

Kletterpflanzen ziehen alle Register auf dem Weg nach oben.

Einjährige Kletterer mit Pfiff
Schöne Arten für die Direktsaat von April bis Juni

Zierkürbisse mit haltbaren Früchten (*Cucurbita pepo*)

Lange Jahre führten sie ein Schattendasein, aber jetzt sind die unendlich vielen Zierformen der mittelamerikanischen Zierkürbisse wieder »in«. 3-4 Meter lange, schnellwüchsige Ranken und bunte Früchte, die gelb, weiß, grün, orange oder rot gefärbt, gestreift oder gefleckt sind. Die Formenvielfalt reicht von der Kugel zur Birne, die Schalen sind glatt bis dekorativ genarbt. Am schönsten und haltbarsten (über 1 Jahr lang) sind die zartgelben »Kronenkürbisse«. Aussaat: Mai-Anfang Juni.

Kunterbunte Zierkürbis-Vielfalt, die sich aus Samen entwickelt.

Wicken mit nostalgischem Duft (*Lathyrus odoratus*)

Sie lieben kühles, fast regnerisches Wetter. Sind sie deshalb Lieblingsblumen der Engländer? Immerhin bestehen zwischen der berühmten Spencer-Wicken-Rasse und Lady Di's Vater sehr enge Beziehungen. Wer an ihnen einen ganzen Sommer lang Freude haben will, sollte sie unentwegt schneiden und in die Vase entführen. Samenansatz macht sie nämlich blühfaul. Bei 120–140 cm Höhe brauchen sie den Halt von Gittern oder Zäunen. Aussaat: April.

Feuerbohnen (*Phaseolus coccineus*)

Sie blühen feuerrot oder weiß, schlingen sich mit ihren langen suchenden Trieben entgegen dem Uhrzeigersinn in die Höhe, bedecken innerhalb kürzester Zeit mit dichtem Blätterdach Mauern, Zäune und Wände. Sie spenden Schatten und bringen auch noch reichliche Erträge. In den Katalogen steht die Prunk-, Woll- oder Feuerbohne unter Gemüse, aber sie ist auch hübsch anzusehen, besonders wenn man je eine Tüte der weißblühenden Sorte 'Desiree' (fadenlos) oder 'Weiße Riesen' mit einer roten Sorte wie 'Butler' (fadenlos) mischt und Anfang Mai aussät. Ab Juli warten dicke, flache, fleischige und sehr aromatischen Hülsen auf die Ernte. Im Herbst bieten die Feuerbohnen wunderschön gefärbte, dicke, schmackhafte und nahrhafte Samen für Balkansalate an. Wenn Sie einen Balkonkasten oder ein Gefäß beranken möchten, sind Sie mit Feuerbohnen gut bedient. Kinder bauen sich aus ihnen gerne ein lebendes Indianerzelt (siehe Bild Seite 29). Aussaat: Mitte Mai-Anfang Juni.

KLETTERPFLANZEN

Vielseitige Kapuzinerkresse (*Tropaeolum majus*)

Die Pflanzen wachsen schnell und üppig 150–200 cm hoch. Zahlreiche Blüten mit exotischer Zeichnung in Gelb, Orange oder Feuerrot senden zarte Düfte aus. In der Vase entfalten sie einen nostalgischen Charme. Die mexikanische Pflanze verfügt jedoch über weitere Qualitäten.
Blätter, Blüten und die jungen Samenkapseln sind Delikatessen mit apartem Geschmack. Läuse, Kohlweißlinge und andere Schädlinge finden sich auf der Pflanze ein und entlasten damit Bäume und andere Kulturpflanzen. Aussaat: April-Mai.

Arten mit Vorkultur unter Glas (Aussaat Februar-April)

Maurandie, das Kletternde Löwenmäulchen (*Asarina scandens*)

Um 1900 war das zierliche Gewächs sehr populär. Die rosa, weißen oder purpurroten Rachenblüten erinnern stark an Löwenmaul. Trotz feiner dünner Triebe erreicht die üppig blühende Maurandie leicht 2 Meter Höhe und mehr. Aussaat: Ende Februar-März.

Blüht spät, aber reichlich – die Glockenrebe (*Cobaea scandens*)

Violett und weiß sind die glockenförmigen Blüten dieses sehr wüchsigen Klimmers. Mit ungestümem Wuchs, aber nur 2 Meter Höhe, verbindet die sonnenhungrige Pflanze eine reiche Blüte. Sie beginnt erst im August, hält aber lange an. Aussaat: März.

Links:
Duftwicken klettern verhalten, blühen aber wochenlang.

Rechts:
Duftende Kapuzinerkresse gedeiht an jeder Stelle.

KLETTERPFLANZEN

Wenig bekannt: die Schönranke (*Eccremocarpus scaber*)

'Tresco-Hybriden' heißt eine schöne Mischung aus gelben, roten und orangen Farben. Die röhrenförmigen Blütchen sind nur 2–3 cm lang, aber reichlich vorhanden. Die 2–3 Meter langen Triebe klettern leicht und können, im Tessin z. B., in milden Klimaten überwintern. Aussaat: März.

Flaschenkürbisse und Herkuleskeulen (*Lagenaria siceraria*)

Wer viel zu bedecken hat, ist mit beiden Kürbisgewächsen gut bedient. Innerhalb von kürzester Zeit haben sie ihre langen Ranken in 3–4 Meter Höhe geschickt. Weiße Blüten erscheinen dann, die Falter und Hummeln anlocken. Der Fruchtansatz kann reichlich sein, auf jeden Fall ist er eine eher ungewohnte Zier. Runde, bauchige, längliche Formen mit einem langen Zipfel daran entwickeln sich an den Flaschenkürbissen, die man auch Kalebassen nennt. Jahrtausende lang haben Menschen diese Früchte, die zu harten, festen Gebilden austrocknen, als Gefässe, Wasserbehälter und Trommeln genutzt.

'Clavata longissima' heißt eine der als Herkuleskeule bekannten Sorten der Flaschenkürbisse, die in Griechenland und Italien im jungen Zustand wie Zucchini gegessen werden. Ausgewachsen erreichen diese Kürbisse leicht 150–200 cm Länge. Auch sie trocknen ohne weitere Mühe zu festen, keulenförmigen Gebilden, die über viele Jahre haltbar bleiben. Aussaat (beide Arten): Anfang-Mitte April.

Flaschenkürbisse zählen zu den ältesten Kulturpflanzen der Welt.

Prunkwinden mit traumhaften Farben (*Pharbitis purpurea*)

Die Prunkwinde und ihre nahe Verwandte, die himmelblaue Kaiserwinde (*Ipomoea tricolor*), sind blühfreudig bis zum Frost, sofern sie von der Sonne profitieren können. Traumhaft schöne Farben enthält die oft angebotene Mischung. Besonders an Rosenbögen kommt ihr üppiger Reiz mit den bis zu 2 Meter langen Trieben gut zur Geltung. Aussaat: März-April.

Ein Feuerwerk aus Blüten: die Sternwinde (*Quamoclit lobata*)

Sie wächst sehr leicht an sonniger Stelle und bedeckt sich ab Juli über und über

KLETTERPFLANZEN

**Links:
Prunkwinden lieben als Kinder des Südens Sonne und viel Wärme.**

**Rechts:
Das zierliche Rosenkleid entfaltet ein üppiges Wachstum.**

mit exotisch anmutenden feuerroten Blüten, die sich beim Auflühen in Cremeweiß wandeln. Man erkennt an den Blättern und beim näheren Hinsehen auch an den Blüten die nahe Verwandtschaft zu kletternden Bohnen. Entsprechend robust sind die Pflanzen, die 3–5 Meter lange Triebe entwickeln können. Aussaat: März-April.

Rosenkleid – eine zierliche Schönheit *(Rhodochiton atrosanguineus)*

Klein, aber fein und trotzdem von erheblicher Wuchskraft ist *Rhodochiton atrosanguineus*, das Rosenkleid. Der Name deutet auf die Form der Blüten hin, sie sehen wie ein Püppchen aus, die lange haltbaren Kelchblätter sind rosa, die Blüte selbst violett. Das alles ist auf zierlichen, feinen Lianen aufgereiht. Diese schöne Schlingpflanze blüht vom Mai bis zum Frost. Es lohnt sich, sie näher zu betrachten. Geben sie ihr einen sonnigen oder halbschattigen Platz, damit sie sich wohlfühlen kann! Aussaat: März.

Schwarzäugige Susanne *(Thunbergia alata)*

Die gelben Blüten mit schwarzbraunem Fleck im Schlund zählen zum Standardsortiment der Gärtner. Wegen ihres nur 100–150 cm hohen Wuchses wird die Susanne oft als Topfpflanze in Wintergärten gehalten. Aussaat: März.

KLETTERPFLANZEN

Zu den wüchsigsten Klimmern zählt die Kanarische Kapuzinerkresse. Sehr empfehlenswert!

Gut für den Halbschatten: Kanarische Kapuzinerkresse *(Tropaeolum peregrinum)*

Bis zu 4 Meter Länge erreichen die zarten Triebe, die über und über mit exotisch geformten, kleinen gelben Blüten übersät sind. Vorkultur ist ratsam, doch wachsen die Pflanzen auch bei direkter Saat. Sie vertragen kühle Witterung, Halbschatten und entwickeln viel Blattmasse. Aussaat: März-Mai.

Mehrjährige Kletterpflanzen
Immergrüne

Selten als Kletterer genutzt: die Kriechspindel *(Euonymus fortunei)*

Meist wird die Kriechspindel als immergrüner Bodendecker benutzt oder wie Buchs zu niedrigen Hecken oder allerlei skurrilen Formen oder Stämmchen geschnitten. Sobald sich eine Gelegenheit ergibt, klettern die Triebe mittels ihrer Haftwurzeln bis 3 Meter in die Höhe und begrünen rauh verputzte Wände, Mauern, Stämme und rohes Holz. Besonders schön ist die gelbgrüne Sorte 'Emerald'n Gold', aber es gibt auch grüne und weißgrüne Formen. Kriechspindeln sind pflegeleicht und gedeihen auf allen durchlässigen Böden. Nach harten Frösten sollte man sie als einzige Pflegemaßnahme zurückschneiden.

Efeu ist formenreich *(Hedera helix)*

Hunderte von grünen, weißgrünen oder gelbgrünen Zierformen mit gefleckten oder gestreiften Blättern werden als anspruchslose Topfpflanzen für drinnen und draußen angeboten, als Stämm-

Rechts:
Die Kriechspindel ist winterhart, robust und ziert durch hübsche Blätter.

KLETTERPFLANZEN

chen oder Hängepflanzen kultiviert. Nicht alle, aber viele davon, sind mehr oder weniger winterhart und klettern mit ihren Haftwurzeln an Mauern, rauhem Holz, Stämmen und Maschendrahtzäunen hoch, bilden einen farblich ruhigen Hintergrund. Wo sich die Triebe ausbreiten können, bedecken sie in Sonne und tiefem Schatten auch den Boden. Efeu wächst zunächst langsam, dann immer üppiger bis 10 Meter hoch. Er verlangt keinerlei Pflege, nur mäßig feuchten, humosen Boden. Durch vorgestellte Kübelpflanzen und Sommerblumen in Töpfen und Schalen wirkt auch eine Efeuwand freundlich und bunt.

Das Immergrüne Geißblatt blüht im Juni *(Lonicera henryi)*

Als einzige auffällig gelb-rot blühende immergrüne Kletterpflanze ist dieses Geißblatt aus China für unsere Breiten besonders wertvoll.
In strengen Wintern können schon mal die Blätter abfallen, doch an geschützter Stelle begrünt sie Mauern, Pergolen und Rankwände mit schlingendem, lockerem Wuchs bis 3 Meter hoch. Blütezeit ist im Juni, im Herbst folgen schwarze, runde Beeren.

Mehrjährige Kletterpflanzen für den Schatten

Die Alpenwaldrebe schmeichelt mit zartem Blau *(Clematis alpina)*

Die robuste Wildpflanze aus den Alpen zählt zu den schönsten Frühjahrsblühern und sollte in Ihrem Garten in der Nähe des Sitzplatzes nicht fehlen.

Die hübsche Alpenwaldrebe ist ein Juwel im Garten. Sie blüht im Frühling.

Die vielen zartblauen Blütchen sind im April und Mai echte Hin-gucker, besonders wenn sie an Baumstämmen hochklettern, von Mauern herunterhängen oder Spaliere durchdringen. Fedrige Büschel von Samenständen bleiben attraktiv bis zum Winter. Geben Sie diesem schwachwüchsigen Kletterstrauch (bis 2 Meter Höhe) einen durchlässigen Boden, der steinig und sogar kalkhaltig sein darf.

Romantische Bergrebe *(Clematis montana)*

In besonders harten Wintern kann sie zurückfrieren, aber meistens kommt die besonders üppig blühende Bergrebe aus den Wäldern Ostasiens mit unserem Klima gut zurecht. Mit filigranem Wuchs hüllt sie alles Erreichbare bis in 8 Meter Höhe ein und wirkt mit ihren vielen, je nach Sorte rosaroten, weißen oder lilarosa Blütchen höchst romantisch. Die bekannteste Sorte ist 'Rubens' (rosarot). Pergolen, Spaliere, Baumstämme Sichtschutzwände und Mauern spinnt sie in wenigen Jahren ein. Sie gedeiht auf allen humosen, durchlässigen Gartenböden und blüht als eine der ersten Kletterpflanzen von Mai-Juni.

KLETTERPFLANZEN

Die Kletterhortensie verträgt selbst tiefen Schatten (Hydrangea anomala ssp. petiolaris)

Sie zählt zu den wertvollsten Kletterpflanzen, weils sie robust ist und überall gedeiht. Selbst an Wände oder Mauern ohne jeden Sonnenstrahl zaubert sie im Sommer attraktive weiße Blüten. Im Herbst färben sich die Blätter gelbrosa. Mit ihren Haftwurzeln findet sie ohne weitere Hilfe festen Halt und kann bis 4 Meter Höhe erreichen.
Ihr dichtes Geäst bietet reichlich Platz für Vogelnester. Ein gelegentlicher Rückschnitt zu breiter Äste und Blütenstände ist alles, was die Kletterhortensie braucht.

Seine beste Zeit kommt im Herbst: Wilder Wein (Parthenocissus quinquefolia und P. tricuspidata 'Veitchii')

Prächtige Blüten in großer Zahl entwickelt Clematis 'Nelly Moser'.

Beide Arten dieser wertvollen Selbstklimmer braucht man kaum vorzustellen. P. quinquefolia besitzt tief eingeschnittene 5-zählige Blätter und lockere, wuchernde Triebe, die sich im Herbst leuchtend feuerrot färben.
Diese Art ist ideal für Naturgärten, Pergolen, einzeln stehende Ranksäulen und Mauern, über die sie sich malerisch hinüberlehnt. Dagegen verhält sich P. tricuspidata gesitteter, bedeckt flächendeckend mit dichtem, glänzend grünem Laub Mauern und glatte geputzte Wände. Beide errreichen mit ihren langen Trieben leicht 10 Meter Höhe, sind anspruchslos und für jede Art von Gärten geeignet. Ihre haftenden Triebe schaden dem Untergrund nicht, allerdings sollte man vorher prüfen, ob der Putz gut haftet und einwandfrei ist.

Mehrjährige Kletterpflanzen für den Halbschatten

Mehrfache Blüte im Jahr bei Edel-Klematis (Clematis-Hybriden)

Edel in ihrer Erscheinung, blühfreudig im Frühling und nochmals im Spätsommer, dabei grazil im Wuchs sind die großblumigen Züchtungen der Clematis. Ob als Partner von Kletterrosen, an Mauern und Rankgittern, beim Erstürmen von Baumstämmen oder an Stäben und Drahtgittern etwa 2–4 Meter nach oben geleitet – die sommergrünen Blattranker nehmen unter den Kletterpflanzen unbestritten den ersten Platz ein. Sie verlangen humusreichen, durchlässigen und nahrhaften Boden, eher sonnigen als schattigen Standort, brauchen aber am Fuß eine schattenspende Pflanze, die sie nicht konkurriert (z. B. eine buschige Staude). Um die häufige Welkekrankheit (verursacht durch nicht optimalen Standort, Gegenmittel nicht bekannt) sollten Sie sich nicht

KLETTERPFLANZEN

allzu viel Sorgen machen, denn die Pflanzen treiben meist wieder aus. Es gibt viele herrliche Züchtungen. Die bekanntesten sind 'Jackmannii', (blauviolett, reich und üppig blühend, guter Partner zu roten Kletterrosen), 'Lady Betty Balfour' (sehr große, dunkel blauviolette Blüten von Juni-Juli), 'Mme. Le Coultre' (große reinweiße Blüten mit gelben Staubgefäßen, Blüte Juni-August), 'Nelly Moser' (große Blüten, zartrosa mit breiten roten Mittelstreifen, Blüte von Juni-September), 'Rouge Cardinal' (samtig purpurrot, Blüte mittelgroß, Blüte im Frühsommer und nochmals im Herbst), 'Ville de Lyon' (wüchsig, kleinblütig, tief karminrot, Blütezeit Juli-September).

Jelängejelieber verwöhnt mit angenehmem Duft (Lonicera x heckrottii)

Mehr noch als die in unseren Wäldern heimische *Lonicera caprifolium* verwöhnt uns diese Kreuzung aus nordamerikanischen Arten mit angenehmem starkem Duft. Von Juni bis zum Herbst bedecken sich die bis 3 Meter hohen verzweigenden, schlingenden Triebe mit rot-weißen Blütendolden, gefolgt von roten Kugelbeeren, über die sich die Vögel freuen. Jelängerjelieber macht sich besonders gut an Blumenbögen, Pergolen und Rankgittern, vor allem an lauschigen Sitzplätzen, Pavillons und Lauben.

Empfehlenswert ist auch das Orangerote Geißblatt (*Lonicera tellmanniana*), das in voller Sonne und im Halbschatten stehen kann. Sehr zahlreich bedeckt sich die wüchsige, bis 6 Meter hohe Schlingpflanze mit tieforangefarbenen Blüten, die von Juni bis Herbst erscheinen, aber nicht duften.

Schneller Erfolg mit Knöterich (Fallopia aubertii, syn. Polygonum aubertii)

Starkwüchsig und kaum zu bremsen ist dieser robuste weißblühende Schlingstrauch, der bis 12 Meter lange Triebe entwickelt. Von August bis Oktober setzen sich die vielen Blütenrispen mit schaumigem Weiß vom dunkelgrünen Hintergrund ab. Rankwände, Mauern, Pergolen, Kletterornamente sehen schon nach wenigen Monaten malerisch aus. Nach Jahren allerdings kann nur ein starker Rückschnitt die grüne Flut bremsen.

Lonicera tellmanniana erklimmt bis zu bis zu 6 Meter Höhe.

KLETTERPFLANZEN

Südliche Blütenpracht vermittelt die Trompetenblume.

Mehrjährige Kletterpflanzen für die Sonne

Kiwis bringen viele Früchte *(Actinidia)*

Die exotischen Kiwis *(Actinidia chinensis)* sind hervorragende Wandbegrüner für sonnige, geschützte Wände und Spaliere. Von eingewachsenen älteren Pflanzen kann man bis zu 500 Früchte erwarten, die von Ende Oktober bis November reifen und nach Lagerung in Kisten an einem warmen Ort im Januar Genußreife erreicht haben. So dekorativ Blätter, Triebe und die weißen Blüten mit ihren gelben Staubgefäßen sind, so wenig ist in unseren Breiten der Ertrag gesichert. Bei den bevorzugten großfrüchtigen Sorten 'Bruno' und 'Hayward' braucht man zu einer oder mehreren weiblichen Pflanzen jeweils eine männliche zur Befruchtung. Lediglich die Sorte 'Jenny' ist selbstfruchtbar. Schnittarbeiten fallen – wie beim Wein – im Winter und nochmals im Sommer an.

Die in Freising-Weihenstephan entwickelte Bayernkiwi 'Weiki' *(Actinidia arguta,* Heimat Korea) ist demgegenüber völlig winterhart. Sie gedeiht gut auf nahrhaften, humosen Gartenböden und bringt nach 3–4 Jahren Anwachszeit große Mengen von wohlschmeckenden stachelbeergroßen Früchten hervor, die samt Schale gegessen werden. Die bis zu 5 Meter langen schlingenden Triebe mit glänzenden kleinen Blättern und schöner gelber Herbstfärbung begrünen mit kräftigem Wuchs Spaliere und Pergolen.

Der Rosa Strahlengriffel *(Actinidia kolomikta,* Heimat Mandschurei, Japan) ist mit seinen grün-weiß-rosa gefärbten, sehr dekorativen Blättern eine Rarität für geschützte Terrassen, kleine Rankgerüste, Pergolen und Lauben. Seine schlingenden Triebe erreichen 2–3 Meter Höhe. Da nur die männlichen Pflanzen die gewünschte exotische Blattfärbung besitzen, fehlt fast immer der Partner – sonst könnte man auch von ihnen süße Früchte ernten.

Tropencharakter mit Trompetenblumen *(Campsis radicans)*

Obwohl dieser üppig wachsende Klimmer mit dichten Blütenbüscheln am Ende der vielen Jahrestriebe ausgesprochen tropisch aussieht, zeigt er sich erstaunlich robust. Selbst in Schleswig-Holstein überzieht er sonnige Hauswände mit dichtem Blattwerk und erfreut ab August mit Hunderten von Blüten. Es gibt Sorten in Orange, Gelb und Orangerot. Besonders großblumig ist die veredelte Sorte 'Madame Gahlen'. Die Trompetenblume bevorzugt sandige, nährstoffarme Böden und wird als heißer Tip für Pergolen gehandelt: Wie ein blühender Vorhang hängen die zahlreichen 150 cm langen Triebe nach unten. Die Pracht erfordert ein wenig Pflege: alljährlichen Rückschnitt im Winter und Abfegen des Verblühten.

KLETTERPFLANZEN

Attraktiv im Sommer und Herbst: die Goldwaldrebe *(Clematis tangutica)*

Ihre vielen goldgelben Glöckchen wirken zierlich, ebenso die nachfolgenden silberweißen, lange haltbaren Fruchtstände. Für sonnige und halbschattige Standorte, zum Erklettern von Stämmen und Mauern, Trellis, Spalieren und Pergolen ist die Goldwaldrebe sehr zu empfehlen. Die zierlichen Triebe erreichen maximal 3 Meter Höhe. Die Blütezeit der Goldwaldrebe dauert von Juli (Hauptblüte) bis September (schwächere Nachblüte).

Demgegenüber zeigt die Italienische Waldrebe *(Clematis viticella)* von Juni bis August hutförmig gefaltete, rot-violette Blüten. Die Triebe erreichen an geschützten Spalieren 3–4 Meter Höhe.

Der Staudenwicke fehlt der Duft, doch die Blühfreudigkeit ist enorm.

Staudenwicken blühen den ganzen Sommer *(Lathyrus latifolius)*

Nur gut 2 Meter Höhe erreichen die zarten, weichen Triebe dieser frostverträglichen Staude, die man aus Samen selbst heranziehen oder im Gartencenter kaufen kann. Im Gegensatz zu ihren einjährigen Verwandten, den Duftwicken (siehe Seite 106), sind die violetten oder weißen Blüten kleiner und ohne Duft. Das wird alles durch enormen Blütenreichtum wettgemacht und durch die Bequemlichkeit, nicht immer wieder aussäen zu müssen. Staudenwicken passen auf durchlässigem Gartenboden an Zäune und Rankgitter, als Unterpflanzung zu Kletterrosen an Rosenbögen und Obelisken. Und selbstverständlich bieten sie auch genug Rispen für die Vase.

Links:
Bei der Goldwaldrebe zieren auch die wolligen Samenstände.

KLETTERPFLANZEN

Die süße Rebe 'Boskoops Glorie' überzeugt sogar im hohen Norden.

Goldener Wein an Mauern und Spalieren *(Vitis vinifera)*

Süßaromatische Tafeltrauben sind kein Privileg für bevorzugte Landstriche mehr. Es gibt Sorten wie die vorzüglich schmeckende 'Boskoops Glorie' (weiß und blau), die selbst an der Nordsee an einer sonnigen Wand sicher ausreifen. Wo immer sich ein geeigneter Platz bietet, darf Wein nicht fehlen. Die malerischen Ranken, die schöne goldene Herbstfärbung und die vielen herrlichen Trauben sind verlockend genug. Man braucht dazu nährstoffreichen Gartenboden, ein stabiles Rankgerüst, an Mauern auch fest verankerte Drähte zum Anbinden der Triebe. Zweimal wird geschnitten: im Winter Rückschnitt auf 2 oder 3 Augen pro Abzweigung am langen waagerechten Kordon und im Sommer, nachdem die ersten Beeren sichtbar werden, auf 2 Blätter nach jeder Traube. So richtet sich die Kraft der Pflanze auf die Früchte, die zudem mehr Sonne bekommen.

Es gibt viele neuere gute Tafeltrauben, die kaum noch gespritzt werden müssen, z. B. die robusten 'Fiorito', 'Buffalo', 'Agumato', 'Roter Gutedel' und 'Dornfelder' (alle blau) sowie 'Fresco Seyval B', 'Fruttato', 'Weißer Gutedel' und die kernlose 'Gustoso' (alle weiß).

Blauregen bzw. Glyzine: schwierig, aber sehr schön *(Wisteria)*

Zu den schönsten Schlingern zählt zweifellos der Blauregen, der sich über allerhand Rankgerüste hangelt und ganze Häuserfassaden und Baumwipfel bis in schwindelnde Höhen erobert. Die Blüte der üppigen, duftenden, hellblauen oder weißen, lang herabhängenden Trauben fällt in den Monat Mai. Erst danach entfaltet sich das zarte Grün der Blätter. Blauregen wünscht volle Sonne bis Halbschatten und sauren, durchlässigen, eher sparsam ernährten Boden und im Sommer viel Feuchtigkeit. Bei Schatten, Kalk und zuvielen Nährstoffen blüht er wenig oder gar nicht. Verwenden Sie nur veredelte Pflanzen, bei Sämlingen ist das Risiko, blühfaul zu sein, sehr groß. Alljährlicher kräftiger Rückschnitt nach der Blüte auf jeweils nur 6–8 Augen fördert den Blütenansatz. Auch ein Rückschnitt der Jungtriebe im Sommer kann erforderlich sein. *Wisteria sinensis* blüht mit vollen, mittellangen Trauben. *Wisteria floribunda* 'Macrobotrys' hat sehr lange, schmale Blütentrauben.

Traumhaft schön sind die langen Trauben von *Wisteria floribunda* 'Macrobotrys'.

KLETTERPFLANZEN

Romantische Kletterrosen (*Rosa*)

Keine andere Blütenpflanze ist wohl vielseitiger als die Rose. Sie bildet duftende, nahezu undurchdringliche Hecken, blüht – wenigstens in den neueren Züchtungen – in mehreren Wellen von Ende Juni bis zum Herbst und zeigt unterschiedlichen Wuchscharakter. Anders als die kompakten Beetrosen schicken Ramblerrosen wie die weiße, ungefüllte 'Bobby James' lange Triebe aus. Wenn Sie einen alten Apfel- oder Birnbaum als Hausbaum auserkoren haben, setzen Sie ihm eine Ramblerrose an den Fuß und Sie werden an der beginnenden Kletterpartie Ihre Freude haben!

Stämmchenrosen bestehen aus einem 120–150 cm hohen Stamm, auf denen eine überhängende oder in üppigen Kaskaden herabfallende Sorte wie die karminrosa 'Super Excelsior' mit Hunderten von Blüten veredelt ist. Man kann sie in großen Kübeln ziehen, aber besser gefällt es ihnen am Rande des Sitzplatzes, im Beet ausgepflanzt.

Kletterrosen sind mit der Pracht ihrer vielen Knospen so überfordert, daß sie mit 2–3 Meter langen schwachen Trieben Halt suchen an Pergolen, Mauern, Trellis, Obelisken und Minaretten. Sie begrüßen die Besucher am Garteneingang, umschmeicheln Zäune und Rosenbögen, überdachen die Ruhebank in der Laube mit einem duftendem Baldachin.

TIP Achten Sie beim Kauf auf das ADR-Zeichen. Solche Züchtungen sind weitgehend resistent gegen Mehltau und Sternrußtau, eine verbreitete Krankheit, die mitunter schon im Juni die Blätter rieseln läßt.

Viele neuere Züchtungen erfordern auch weniger Kenntnisse beim Schneiden. Im Herbst nimmt man lediglich Verblühtes zurück und schützt die Pflanzen mit angehäufelter Erde gegen Frost. Im April heißt es dann, auf lebensfähiges Gewebe zurückschneiden. Zu lange Triebe werden auf zwei Drittel ihrer Länge eingekürzt, alles übrige nur leicht gekürzt und ausgeglichtet. Schwache Triebe entfernt man mit einer Baumschere ganz, um damit die übrigen zu fördern. Der Herbst eignet sich weit besser zum Pflanzen als das Frühjahr. Achten Sie darauf, daß die Veredelungsstelle danach frostgeschützt ca. 5 cm unter dem Erdniveau liegt und decken Sie über Winter mit Reisig ab. Damit der Blick nicht über kahle Rosenstämmchen schweift, brauchen Kletterrosen gute Partner. Gräser zum Beispiel, blaue Katzenminze, duftenden Lavendel, Schleierkraut oder hübsche Sommerblumen-Kombinationen, die Sie als kleine Gruppe in Terrakotten, Kästen, Kübeln oder Töpfen einfach davorstellen können.

Viele Rosensorten vereinen in sich Duft, Gesundheit und mehrfache Blüte.

117

BEZUGSQUELLEN

Bezugsquellen

Auswahl ohne Anspruch auf Vollständigkeit. (H) = Hersteller teilen Bezugsadressen in Ihrer Nähe mit; V = Versender

Accesoires, Keramik, Gartenkunst

Bartscher GmbH
Postfach 112714
33143 Salzkotten (V)

Country Garden
Christel Plasa
Auf den Beeten 12
72119 Ammerbuch-Reusten (V)

Eschbach
Gartenausstattung
Reiserstraße 6
53773 Hennef/Sieg (H)

Gartengalerie
Wössinger Straße 15
75045 Walzbachtal

Stephan Kirchner
Wohnaccessoires
Berlin-Hamburg-Nieblum-Keitum
25899 Kleiseerkoog

Kruft
Skulpturen- und
Brunnenpark
St. Vither Straße 44
54595 Niederprüm/Eifel

Rottenecker-Ambiente GmbH
Gewerbestraße 2
77749 Hohberg 2/
Offenburg (H)

Schneider Garten Kreativ
Lessenischer Weg 41
53347 Alfter/Bonn

Duftpflanzen, Stauden, Kletter- und Kübelpflanzen

Blauetikett-Bornträger GmbH
67591 Offstein/Worms

Feldweber Stauden
A-4974 Ort im Innkreis

Flora-Mediterranea
Kübelpflanzen
Königsgütler 5
84072 Au/Hallertau

Helmut Härlen
Unter den Linden 100
21435 Stelle

Ingwer J. Jensen
Rosen und Zubehör
Hermann-Löns-Weg 39
24939 Flensburg (V)

Kayser & Seibert
Wilhelm-Leuschner-Straße 85
64373 Rossdorf (V)

Günther u. Hilde Pfeiffer
Rebenversand
'Boskoops Glorie'
Zum Kurmittelhaus 12
35080 Bad Endbach (V)

Rhulenhof
Garten und Gärtnerei
Kleefseweg 14
NL-Ottersum Gem.
Gennep/Kleve

Rieser Staudenkulturen
Bahnhofstraße 5
86738 Deiningen

Staudengärtnerei
Gräfin von Zeppelin
79295 Sulzburg-Laufen
(Baden) (V)

Beregnungsanlagen, Wassertechnik, biologische Wasseraufbereitung

Robert Bosch GmbH
Max-Lang-Str. 40-46
70771 Leinfelden-Echterdingen (H)

Gardena Kress &
Kastner GmbH
Hans-Lorenser-Straße 40
89079 Ulm (H)

Holzum GmbH
Empeler Straße 91
46459 Rees

Guido Manzke GmbH
Garten- und
Landschaftsbau
21397 Volkstorf

Rainpro Vertriebs GmbH
Hunter-Beregnung
Schützenstraße 5
21407 Wendisch-Evern

Re-Natur GmbH
24601 Ruhwinkel

Ubbink GmbH
Im Fisserhook 11
46395 Bocholt (H)

Gartenmöbel, Gartendesign

Aske Sitzmöbelfabrik
Neudorfstraße 40
77694 Kehl-Auenheim

Garpa Holert
Handelsges. mbH
Kienwiese 1
21039 Escheburg/
Hamburg

Garpa
Garten- und
Parkeinrichtungen
Neutorstraße 19
A-5020 Salzburg

Gartengalerie
M. Tittelbach und
Chr. Widmayr-Falconi
Seidlstraße 25
82418 Murnau

Katrin Schalück
Sonnensegel
Auf der Bitterhorst 40
33378 Rheda-Wiedenbrück

Teak & Garden
Schmidt-Paris GmbH
Gut Schönau
21465 Reinbek-Ohe

The Teak Tiger Trading
Company
Schloßstraße 29
55454 Gensingen

Unopiu
Am Dornbusch 24-36
64390 Erzhausen (V)

Holzzaunsysteme, Trellis, Pergolen

K. A. Mazur
Holzwerkstatt
Marktsstraat 37/6
25841 Langenhorn/
Nordfriesland

Osmo GmbH & Co.
Hafenweg 31
48155 Münster (H)

Plus Garden-System A/S
Postboks 305
DK-6600 Vejen (H)

Uwe Schröder
Holzbau
Postfach 1113
21389 Reppenstedt/
Lüneburg

Unopiu Europa
S. S. Ortana km 14,5
I-01038 Soriano nel
Cimino/VT (V)

Werth-Holz GmbH
& Co. KG
Therecker Weg 11
57413 Finnentrop (H)

Gartenhäuser, Pavillons, Wintergärten

Amdega
Sieben Eujen GmbH
& Co. KG
Hinter dem Rahmen 6
26721 Emden

Ing. Beckmann KG
Simoniusstraße 10
88239 Wangen/Allgäu

Bromage Woodworks Ltd.
GB-Buckfastleigh, Devon

Glas Hetterich GmbH
Classica Pavillons
Postfach 1327
63571 Gelnhausen

Wohnen und Garten
Hölscher und Leuschner
Siemensstraße 15
48488 Emsbüren

Holzum GmbH
Empeler Straße 91
46459 Rees

Kuno Krieger GmbH
Gewächshäuser, Pavillons
Gahlenfeldstraße 5
58313 Herdecke

Macarel
Seltersweg 55
35390 Giessen

Neogard AG/Janssens
Aarauerstraße 2
CH-5734 Reinach (H)

Pet & Garden
Teehäuser
Unter den Eichen 16
57633 Weyerbusch

Salzberger Gartenhäuser
In den Auewiesen 1-3
36286 Neuenstein-Aua

Selfkant Janssen
Maria Lind 29
52525 Waldfeucht-Braunsrath

Vielseitiges Angebot

(Pflanzen, Zubehör, Gartenmöbel, Accessoires usw. finden Sie z. B. auch in diversen Gartencentern in ihrer Nähe)

Gärtner Pötschke
41561 Kaarst (V)

Dehner & Co.
Gartencenter
86641 Rain am Lech (V)

Lehnert-Hauenstein AG
Gartencenter, Badeteiche
Alte Stockstraße 8
CH-5022 Rombach/AG

Neuenkirchener Zoo-
und Gartenmarkt
Kreimer GmbH
48485 Neuenkirchen

Ernst Meier AG
Gartencenter
Baumschule
CH-8632 Tann-Rüti

Louis Rasche GmbH
Gartencenter,
Baumschule
Stemmer Landstraße 2
32425 Minden

Rodenburg Tuincentrum
'T Sand 22 B
NL-3544 NC Utrecht

S. J. R. Teeuwen
Gartencenter
Baarloseweg 20
NL-5988 Helden/Venlo

Sunflower
Gartencenter
Am Martinszehnten 15
60437 Frankfurt/Main

Siegfried Vick
Gartencenter
Am Weißen Turm
21339 Lüneburg

Rosenbögen, Gartentore, Zäune

Lacon
J. -S.-Piazolostraße 4a
86766 Hockenheim (V)

Plus Garden System A/S
DK-6600 Vejen (H)

Rorys
Dielenstraße 18
31592 Stolzenau (H)

REGISTER

Register

Accesoires 68ff.
Actinidia 114
A. chinensis 114
A. kolomikta 114
ADR-Zeichen 117
Ahorn 101
Alpenwaldrebe 111
Aprikose 101
Asarina scandens 107

Bachlauf 42
Badehäuschen 42ff.
Badesteg 48
Ballerina-Apfel 101
Bambuswand 73
Bauerngarten 15
Bayernkiwi 114
Beleuchtung 65ff.
Berberitze 100f.
Bergrebe 111
Birne 101
Blauregen 116
Blockbohlen 6
Blumenbogen 93ff.
Blutjohannisbeeren 100
Bodenbelag 25
'Boskoops Glorie' 32, 116
Brechkies 26
Brombeere 101
Bronze 68
Bronzefigur 23
Buschklee 85

Campsis radicans 114
Clematis alpina 111
C.-Hybriden 112
C. montana 111
C. tangutica 115
C. viticella 115
Cobaea scandens 107
Containerpflanze 19
Cucurbita pepo 106

Dampfsperre 33
Delosperma 85
Deutzien 100
Dichtzaun 72
Direktsaat 106
Duftwicke 107

Eccremocarpus scaber 108
Edel-Klematis 112
Efeu 98
Eibe 100

Eiche 54
Einfassung 15
Elektroarbeiten 65
Erdbeerwiese 10, 19
Eskallonie 102
Euonymus fortunei 110

Fallopia aubertii 103, 113
Farbe 19
Farbgarten 15
Farbkreis 19
Felsenbirne 101
Feuer von Granada 85
Feuerbohne 29, 94, 106
Feuerdorn 100
Fichte 54, 100
Fichtenholzmöbel 57
Flaschenkürbis 108
Flechtzaun 72
Flutlichtstrahler 65
Forsythien 100
Freizeithaus 35f.
Friesenwall 85
Frostwächter 47
Fundament 33, 40

Gamander 99
Garten, formaler 10
Gartenhaus 33, 35f., 42
Gartenhäuschen 29ff.
Gartenmöbel 56ff.
Gartenplan 11ff., 22
Gartenzimmer 77
Gazebos 31
Gazania 85
Gehölz 12
Geißblatt 111
–, Orangerotes 113
Gitterwand 74
Glaswollmatte 40
Glechoma hederacea 85
Glockenrebe 107
Glyzine 116
Goldwaldrebe 115
Gräsergarten 14
Grenzabstand 101
Gründüngung 14
Gundermann 85

Hagebuttenrose 100
Hainbuche 100
Halogenleuchte 65
Hängeform 29
Hängematte 60
Hanglage 12
Haselnußgeflecht 72
Hausbaum 22

Hecke 98ff.
Heckenpflanze 30, 98ff.
Heckenrose 100
Heidelbeere 101
Heiligenkraut 99
Herkuleskeule 108
Himbeere 101
Hochbeet 88
Holz 53ff., 88
Holzdeck 50
Holzdecke 25
Holzfliesen 25
Holzhäcksel 26
Holzpalisaden 89
Holzschindel 45
Holzschutz 53ff.
Hydrangea anomala ssp. *petiolaris* 112

Immergrün 110
Ipomoea tricolor 108
Isolierung 40
Isolierverglasung 40

Jasmin 85
Jasminum nudiflorum 85
Jekyll, Gertrude 15
Jelängejelieber 113

Kaiserwinde 108
Kalebasse 108
Kamille, Römische 19
Kanarische 110
Kapuzinerkresse 107
Kaskadenchrysanthemen 85
Kiefer 53
Kiefernholzmöbel 57
Kinderzelt 29
Kirsche 101
Kirschlorbeer 100
Kiwi 114
Kletterer 106
Kletterhortensie 112
Kletterpflanzen 31, 79, 103ff.
–, einjährige 106ff.
–, immergrüne 110f.
–, mehrjährige für den Halbschatten 112f.
–, mehrjährige für den Schatten 111ff.
–, mehrjährige für die Sonne 114ff.
Kletterrose 97, 117
Klimmer 103
Klinker 26

Knöterich 103, 113
Korbmöbel 60
Kräuterteppich 28
Kriechspindel 110
Kübelpflanze 40
Kunststoffmöbel 56

Lagenaria siceraria 108
Lärche 39, 54
Lathyrus latifolius 115
L. odoratus 106
Laube 29f., 32
Laubengang 97
Lebensbaum 100
Lebensraum 103
Lespedeza 85
Liguster 100
Lonicera henryi 111
L. x heckrottii 113
L. tellmanniana 113
Loom-Möbel 58
Lufterhitzer 47
Lutyens, Edwin 15

Mahonie 100
Mauer 23, 82ff.
Maurandie 107
Minarett 92
Mispel 101
Mittagsgold 85
Mottenkönig 85

Nachbarschaftsrecht 101
Naschecke 78
Naturgarten 27
Natursteine 26
Nutzen, ökologischer 103
Nutzgarten 10
Nützlinge 103

Obelisk 92

Palisadenwand 89
Parterres 9
Parthenocissus quinquefolia 112
P. tricuspidata 112
Pavillon 37ff.
Pergola 21, 76ff.
Perlite 40
Pfaffenhütchen 100f.
Pfirsich 101
Pharbitis purpurea 108
Phaseolus coccineus 106
Pflanzenkläranlage 42

Platzbedarf 23
Plectranthus coleoides 85
Prunkwinde 108

Quamoclit lobata 108

Ramblerrose 117
Ranker 104
Rankgerüste 76ff.
Rankgitter 23f., 90ff.
Rankhilfe 105
Rankwand 21
Rasen 12
Rasen 27, 28
Rasenkante 27
Rasenwege 27
Rattanmöbel 59
Regenrinne 40
Repositionspflanze 42
Rhodochiton atrosanguineus 109
Rhododendronhecke 99
Rollkies 26
Rollrasen 27, 86
Roseneibisch 102
Rosenkleid 109
Rosenlaube 93
Rotzeder 39, 53

Sandboden 13
Schaltuhr 66
Schattenmorelle 101
Scherengitter 105
Schilf 63
Schlingpflanzen 103f.
Schmiedeeisen 58
Schnitt 98
Schönranke 108
Schwarzäugige Susanne 109
Schwimmteich 42
Segeltuch 62
Selbstklimmer 104
Sichtschutz 25
Sichtschutzelement 24
Sichtschutzwand 72ff.
Sitzecke 21, 23, 25, 81
Sitzplatz 56
Solarleuchte 67
Sonnenschirm 56, 61
Sonnensegel 57, 62
Spalierobst 104
Spiegel 23
Spreizklimmer 104
Stämmchenrose 117
Stauden 12

Staudenwicke 115
Stechpalme 100
Stegbau 48
Stelen 76
Sternwinde 108
Strahlengriffel, Rosa 114
Stützwand 88f.

Tanne 100
Taybeere 101
Teak 54
Teakmöbel 56
Teaköl 55
Terrasse 11, 82
Thunbergia alata 109
Ton-in-Ton-Kombination 15, 18
Tonboden 13
Treillage 90f.
Trellis 23, 91
Trockenmauer 86
Trompe l' œil 91
Trompetenblume 114
Tropaeolum majus 107
T. peregrinum 110

Umlaufpumpe 42

Vitis labrusca 89
V. vinifera 116
Vorkultur 107

Waldrebe, Italienische 115
Wärmedämmpaket 35
Weidengeflecht 72
Weidenrute 29, 75
Weigelie 100
'Weiki' 101, 114
Wein 116
Wein, Wilder 112
Weinbeere, Japanische 101
Weinlaube 31f.
Wert, ökologischer 100
Western Red Cedar 53
Wicke 106
Wildblumen-Mischung 13
Wintergarten 23, 26
Wisteria 116

Zaunsystem 25
Zelt 63
Ziergitter 90ff.
Zierkürbis 106
Zierquitte 100

Bildnachweis:

Borstell: S. 17 u., 18 u., 21, 23, 24 o., 28 o., 31 o., 33 o., 70 o.
Hölscher und Leuschner: S. 33 u., 38
Janssen: S. 37, 38
Mauro Mattioli/Unopiu: S. 56/57, 59 o., 60 o., 60 u., 61, 62, 64
Osmo: S. 35, 36, 52, 77, 78 o., 90, 92 li.
Plus: S. 25, 67, 72, 74
Redeleit: 29 u.
Alle anderen Fotos vom Autor.

Grafiken: Marlene Gemke

Umschlaggestaltung: Studio Schübel
Umschlagfotos: Gitte u. Siegfried Stein

Die Deutsche Bibliothek –
CIP Einheitsaufnahme

Gartenräume wohnlich gestalten ; Sitzplätze, Pavillons, Pergolen, Lauben, grüne Wände / Siegfried Stein. –
München ; Wien ; Zürich : BLV 1997
ISBN 3-405-15097-3
NE: Stein, Siegfried

BLV Verlagsgesellschaft mbH,
München Wien Zürich
80797 München

© 1997 BLV Verlagsgesellschaft mbH, München

Das Werk einschließlich aller seiner Teile ist urheberrechtlich geschützt. Jede Verwertung außerhalb der engen Grenzen des Urheberrechtsgesetzes ist ohne Zustimmung des Verlages unzulässig und strafbar. Das gilt insbesondere für Vervielfältigungen, Übersetzungen, Mikroverfilmungen und die Einspeicherung und Verarbeitung in elektronischen Systemen.

Lektorat: Dr. Thomas Hagen
Herstellung: Hermann Maxant
Satz: DTP im Verlag
Druck und Bindung: Druckhaus Neue Stalling, Oldenburg

Printed in Germany · 3-405-15097-3

Das Leben im Garten genießen

Thomasina Tarling
Gartenglück auf kleinem Raum
Zauberhafte Ideen für Vorgärten, Innenhöfe, Dachgärten
Phantasievolle Vorschläge für die Gestaltung von Eingängen, Durchgängen, Souterraingärten, Hinterhof- oder Dachgärten und vieles mehr mit Bepflanzungs- und Pflegeanleitungen.

Wolfram Franke
Faszination Gartenteich
Teichanlage mit verschiedenen Materialien; ökologische Zusammenhänge, Bepflanzungsbeispiele und Pflanzenpflege; Tiere im und am Gartenteich; spezielle Elemente wie z. B. kleine Bäche und Springbrunnen; Gartenteich-Probleme im Überblick.

Christiane Widmayr-Falconi
Bezaubernde Gärten
Ideen und Anregungen aus Cottage- und Landhaus-Gärten zum Nachgestalten
Faszinierender Bildband mit Ideen und Anregungen aus Cottage- und Landhaus-Gärten zum Nachgestalten: Planung, Gestaltungsvorschläge mit Material- und Bepflanzungstips, romantische Gartenideen mit detaillierten Plänen.

Martin Stangl
Stauden im Garten
Auswahl, Pflanzung, Pflege
Sonnen-, Schatten- und Prachtstauden, Gräser und Steingartenstauden: alle wichtigen Arten und Sorten mit Informationen zu Auswahl, Pflanzung und Pflege sowie Pflanzplänen und Arbeitskalender.

Tony Lord
Borders
Der Inbegriff anspruchsvoller Gartenkunst: großzügige Beete und Blumenrabatten mit gekonnt gestalteten Bepflanzungen und Pflanzenkombinationen – die schönsten Beispiele aus den berühmtesten Gärten Englands.

Francesca Greenoak
Reizvolle Wasserelemente im Garten
Teiche · Becken · Tröge · Wasserspeier · Brunnen · Wasserläufe
Die magische Wirkung von Wasser im Garten: das ganze Spektrum reizvoller Wasserelemente, ihre Integration in den Garten, praktische Tips für Design und Konstruktion, Instandhaltung und Pflege sowie die geeigneten Pflanzen.

Im BLV Verlag finden Sie Bücher zu folgenden Themen: Garten und Zimmerpflanzen • Wohnen und Gestalten • Natur • Heimtiere • Jagd • Angeln • Pferde und Reiten • Sport und Fitneß • Tauchen • Reise • Wandern, Alpinismus, Abenteuer • Essen und Trinken • Gesundheit und Wohlbefinden

 Wenn Sie ausführliche Informationen wünschen, schreiben Sie bitte an:
BLV Verlagsgesellschaft mbH • Postfach 40 03 20 • 80703 München
Telefon 089/12705-0 • Telefax 089/12705-543